Die Radel-Bucket-List

BADEN-WÜRTTEMBERG

Dieter Buck

✔ 25 Touren, die man einfach gemacht haben muss

J. BERG

Bönnigheim ist einer der schönsten Fachwerkorte im Stromberg-Heuchelberg-Gebiet. (Tour 7)

Inhaltsverzeichnis

Entlang der Donau lässt es sich gemütlich im Flachen radeln. (Tour 17)

Tourenüberblick

Tour

1	●	Von Buchen nach Amorbach
2	●	Von Osterburken ins Kessach- und ins Jagsttal
3	●	Von Bad Mergentheim ins Wachbach- und Vorbachtal
4	●	Von Neckargemünd nach Dilsberg
5	●	Von Bad Rappenau nach Schwaigern
6	●	Von Waldenburg über Forchtenberg nach Öhringen
	●	Liebliches Taubertal – Der Klassiker
7	●	Zwischen Enz und Stromberg
8	●	Von Weissach ins Enztal
9	●	Durch den Stuttgarter Wildpark ins Strohgäu
10	●	Von Böblingen nach Herrenberg
11	●	Durch das Aich- und das Schaichtal
	●	Remstal-Radweg
12	●	Von Kirchheim unter Teck ins Lenninger Tal
13	●	Über die Albhochfläche und durch das Filstal
14	●	Von Langenau nach Lonsee
15	●	Von der Zaininger Hüle zum Truppenübungsplatz
16	●	Von Wittstaig nach Buttenhausen
17	●	Von Hausen über die Höhe
	●	Donau-Radweg
18	●	Von Riedlingen nach Ehingen
19	●	Von Bad Wurzach nach Arnach
20	●	Über Meersburg zu den Pfahlbauten
21	●	Von Konstanz zur Reichenau
	●	Bodensee-Radweg, 2 Varianten
22	●	Von Plittersdorf nach Rastatt
23	●	Durch Weinberge zum Schloss Staufenberg
24	●	Von Riegel nach Vogtsburg
25	●	Von Müllheim ins Markgräflerland
	●	Südschwarzwald-Radweg

42,3 km	470 Hm	3.15 Std.	●		●		●		●		
31,5 km	240 Hm	2.30 Std.	●	●	●	●	●		●		●
48,5 km	420 Hm	4 Std.	●		●	●		●	●		
29 km	290 Hm	2.15 Std.	●	●	●	●			●		
27 km	170 Hm	2 Std.	●	●	●	●		●	●		●
45 km	280 Hm	3.30 Std.	●		●	●			●		●
100 km	530 Hm	1–3 Tage	●	●	●	●			●	●	●
33,4 km	180 Hm	2.30 Std.	●	●	●	●		●	●		
43 km	570 Hm	3.45 Std.	●		●	●		●	●		
18 km	130 Hm	2 Std.	●	●	●		●		●		●
30 km	330 Hm	2.30 Std.	●		●		●		●		●
25 km	200 Hm	2 Std.	●	●	●	●	●	●	●		
106 km	630 Hm	3–4 Tage	●	●	●	●			●	●	●
39,6 km	460 Hm	4.30 Std.	●		●	●			●		
38,6 km	320 Hm	3 Std.	●			●			●		●
59 km	440 Hm	4.30 Std.	●		●	●			●		●
30,4 km	300 Hm	2.15 Std.	●		●	●					
23 km	290 Hm	1.50 Std.	●		●	●					
34,6 km	260 Hm	3.10 Std.	●		●	●					
203 km	630 Hm	3–4 Tage	●		●	●			●	●	●
36 km	270 Hm	2.40 Std.	●		●	●			●		●
33,5 km	160 Hm	2.30 Std.	●		●	●					
23,2 km	60 Hm	2 Std.	●	●	●	●		●	●		●
41,5 km	280 Hm	2.30 Std.	●	●	●	●		●	●		●
259 km	670 Hm	5/8 Tage	●	●	●	●		●	●	●	●
37 km	20 Hm	2.30 Std.	●	●	●	●		●	●		
41,7 km	290 Hm	3.10 Std.	●		●	●			●		
36,8 km	350 Hm	3 Std.	●		●	●			●		
45 km	340 Hm	3.30 Std.	●		●	●			●		
269 km	1330 Hm	5 Tage	●		●	●			●	●	●

Vorwort

Liebe Leserinnen, liebe Leser,

Radtouren in Baden-Württemberg sind das Thema dieses Buches. 25 Rund- und Streckentouren für einen Tag finden Sie hier, dazu kommen fünf Mehrtagestouren. Die meisten der empfohlenen Radausflüge sind Genusstouren. Was ist das? Es sind, so viel ist klar, sicherlich keine »Kilometerfressertouren«. Und es sind auch keine Strecken, auf denen es heftig und womöglich auf schlechten Wegen bergauf geht und der konditionsstarke Radler seine gesamte Kraft unter Beweis stellen kann oder gar muss.

Mit Genussradtouren sind kürzere, gemütliche Radtouren gemeint. Sie verlaufen relativ eben oder weisen nur geringe Höhenunterschiede auf. Unterwegs oder am Schluss kann man Sehenswürdigkeiten und Besonderheiten – sei es nun im Wald mit markanten Bäumen, seien es Seen oder Gedenksteine, sei es ein bemerkenswerter Ort mit schönen, alten Häusern – bewundern. Auch

Fachwerkpracht in Strümpfelbach (Tour 11)

Das Barockschloss Favorite bei Rastatt liegt in einem wunderschönen Park. (Tour 22)

an Einkehrmöglichkeiten unterwegs oder am Schluss ist gedacht. Trotzdem: Baden-Württemberg besitzt eine lebhafte Topografie und mit der Schwäbischen Alb und dem Schwarzwald auch Mittelgebirge, und ganz ohne Anstiege geht es dann doch nicht. Besonders bequem sind diese natürlich mit einem Pedelec zu bewältigen.

Auch wenn die reinen Fahrzeiten der Touren nur wenige Stunden betragen, mit An- und Abfahrt, Besichtigungen, Pausen und Einkehr wird doch eine tagfüllende Unternehmung daraus, von der man noch lange zehren kann und an die man gerne zurückdenkt.

Von den beschriebenen Radtouren sind fast alle mit öffentlichen Verkehrsmitteln, sprich mit der Bahn zu erreichen. Sie verlaufen auch überwiegend von Bahnhof zu Bahnhof, sodass man die Vorteile des öffentlichen Nahverkehrs voll auskosten kann. Man muss also nicht unbedingt im Besitz eines Radträgers auf dem Auto sein – obwohl dies andere und neue Möglichkeiten erschließt.

Ich wünsche Ihnen viele erholsame Radtouren mit zahlreichen interessanten Begegnungen, allzeit schönes Wetter und nie einen Plattfuß!

Dieter Buck

Radfahren in Baden-Württemberg

Straße oder Radweg?

Die Radtouren verlaufen meist auf Feld- oder Waldwegen sowie auf ausgewiesenen Radwegen, wo es nicht anders geht, auch mal auf Straßen. Nach Möglichkeit wurden hier kleinere, verkehrsarme Straßen gewählt. Feld- oder Radwege unmittelbar neben den Straßen sind nicht angegeben, da sich diese immer wieder ändern beziehungsweise Radwege im Laufe der Zeit neu angelegt oder ausgewiesen werden. Es empfiehlt sich also bei einem Streckenabschnitt auf einer Straße stets zu schauen, ob parallel ein Rad- oder Feldweg verläuft, auf den man ausweichen kann.

Dieses Buch ist in fünf Landschaftskapitel gegliedert. Das erste beginnt im Norden des Landes, wo es vom Randbereich des Odenwalds über den Kraichgau, in das Neckarland und ins nicht umsonst so genannte Liebliche Taubertal geht.

Das zweite Kapitel präsentiert nicht nur eine Radtour im Gebiet der Stadt Stuttgart, sondern führt zudem ein Stück nach Norden, ins württembergische Unterland. Auch für das Remstal und den Schönbuch mit seinem Naturpark, beides Stammgebiete der Württemberger, findet man Tourenvorschläge.

Südlich davon liegt die Schwäbische Alb, eines unserer großen Mittelgebirge und das nächste Kapitel in diesem Buch. Die Touren dort beinhalten aber keine großen Anstiege aus der Voralbzone hinauf auf die Höhe. Ganz im Gegenteil – die Streckentouren beginnen oben und führen hinab. Andere verlaufen durch Täler oder auf der Hochfläche, alle also ohne große Höhenunterschiede.

Südlich der Schwäbischen Alb geht es über Oberschwaben ins Bodenseegebiet. Schroffe Berge gibt es dort nicht, wohl aber eine lebhafte Topografie. Ein wenig Auf und Ab lässt sich also auch hier nicht vermeiden.

Der letzte große landschaftliche Abschnitt Baden-Württembergs liegt westlich davon: der Schwarzwald, ebenfalls ein bedeutendes Mittelgebirge. Radtouren direkt in ihm bringen große und anstrengende Höhenunterschiede mit sich, ist

Hier ist gut rasten: Ausblick auf den Titisee. (Tour 25)

der Schwarzwald doch von Tälern durchfurcht. Es sind also keine Genusstouren. Deshalb finden die beschriebenen Radtouren auch an seinem Rand, über die Weinberge der Ortenau bis hinaus in die Rheinebene, statt. Das ist gemütlicher, nicht so anstrengend und macht den meisten Radfahrern sicher mehr Freude.

In jedem der fünf Kapitel wird auch eine Mehrtagestour beschrieben, die in dem jeweiligen Gebiet stattfindet.

Vorbereitung Um sich nicht erst am Ausgangsort mit der geplanten Radtour zu befassen, ist es sinnvoll, sich den ausgewählten Vorschlag zu Hause in Ruhe durchzulesen. Dann ist noch Zeit, die empfohlene Karte zu besorgen, sich nach den Fahrzeiten der Bahn zu erkundigen und sich mit der Streckenführung vertraut zu machen. Außerdem kann man sich in die Sehenswürdigkeiten und Besonderheiten der Gegend einlesen. So vorbereitet macht die Fahrt noch mehr Spaß.

Fahrzeiten Während man beim Wandern von einem Durchschnittstempo ausgehen kann, verhält es sich beim Radfahren mit den Fahrzeiten etwas komplizierter. Der eine fährt gerne schnell, der andere recht gemütlich durch die Lande. Der eine strampelt mit seinem rund zwei Dutzend Gänge umfassenden Rad auch die steilsten Berge hoch, während der andere schon bei kleinen Steigungen lieber absteigt und schiebt – auch um einen gewissen Körperteil zu entlasten, der die Sitzposition beim Radfahren nicht so gewöhnt ist.

Da die angegebenen Fahrzeiten also vielleicht nicht Ihren Fahrgewohnheiten entsprechen, werden Sie, liebe Leserin, lieber Leser, schon bei der ersten Tour merken, ob Sie die angegebenen Zeiten eher über- oder unterschreiten. Dementsprechend können Sie dann die restlichen Ausflüge kalkulieren. Für Neulinge, ungeübte Radfahrer oder auch nach der Winterpause gilt: Nicht mit größeren Strecken anfangen. Man verwechsle auch nicht die angegebene Fahrzeit mit der Gesamtdauer des Ausflugs. Denn man bleibt mal stehen, schaut sich die Landschaft an, unterhält sich, studiert die Karte, fotografiert und macht nicht zuletzt einfach Pause. Außerdem ist die Anfahrtszeit miteinzurechnen. So kann aus einer Tour mit der angegebenen Zeit von zwei oder drei Stunden durchaus eine tagesfüllende Unternehmung von sechs bis sieben Stunden werden!

Orientierung Es gibt Radkarten im Maßstab 1:75 000 oder 1:100 000. Besonders empfehlenswert sind jedoch die vom Landesamt für Geoinformation und Landentwicklung Baden-Württemberg (LGL) herausgegebenen Freizeitkarten im Maßstab 1:50 000, oder besser noch die Wanderkarten im Maßstab 1:25 000. Ist man bei Verzweigungen im Zweifel, so helfen sie beim Finden des richtigen Weges immer noch am besten weiter. Auch sind aus ihnen interessante Details in der Landschaft wie markante Bäume, Gedenksteine, Weiher, Kirchen und dergleichen zu ersehen.

Da viele Radler jedoch digital mit einem Navigationsgerät oder mit dem Handy samt entsprechender App unterwegs sind, sind die GPS-Daten der Touren beim Verlag hinterlegt. Bei den von einem Betreiber – etwa dem jeweiligen Tourismusverband – markierten Mehrtagestouren, bei denen die Möglichkeit einer Änderung des Wegverlaufes besteht, lädt man sich den entsprechenden Track am besten über die angegebenen Informationsstellen herunter.

Tipps für gelungene Radausflüge Praktisch ist eine Lenkradtasche, am besten mit einem Kartenfach. Eine Alternative, um

Öffentliche Verkehrsmittel

Es wurde Wert darauf gelegt, dass fast alle Ausgangspunkte mit öffentlichen Verkehrsmitteln erreichbar sind. Diese Touren beginnen und enden an Bahnhöfen, andere führen sogar als Streckentour von Bahnstation zu Bahnstation (Auskunft unter www.efa-bw.de).

Vom Schönbuchturm hat man eine grandiose Aussicht auf Herrenberg, ins Gäu und weiter bis zum Schwarzwald. (Tour 10)

die Karte immer im Auge zu haben, ist ein Kartenständer für den Lenker. Auch wasserdichte Packtaschen am Gepäckträger – für den Anorak bei unsicherem Wetter oder für Badesachen – sind ganz nützlich. Man sollte hier nicht sparen! Sinnvoll ist es, das Gepäck zusätzlich in Plastiktüten zu verpacken. Auch ein Rucksack ist nicht schlecht, wenn er nicht zu schwer ist. Er hat noch einen zusätzlichen Vorteil: Er schützt den empfindlichen Rücken- und Nierenbereich, wenn man ins Schwitzen gekommen ist und eine zugige Abfahrt bevorsteht.

Sehr zu empfehlen ist ein Helm, auch wenn er keine Pflicht ist, denn ein wesentlicher Teil der Verletzungen, die man bei Radunfällen oder Stürzen davonträgt, bezieht sich auf den Kopf. Ratsam ist auch eine rundum schließende Brille, welche die Augen vor dem Fahrtwind schützt.

Immer dabeihaben sollte man eine Luftpumpe und ein kleines Reparaturset. Eine gute Idee ist es, das Reifenflicken oder das Auflegen einer abgesprungenen Kette vorher einmal »trocken« zu üben. Mancherorts werden auch Kurse angeboten. Wer Angst vor einem platten Reifen hat: Es gibt auch »unkaputtbare« Reifen. Sie sind zwar etwas schwerer, aber man ist damit auf der sicheren Seite.

Auf jeden Fall sollte man immer darauf achten, dass das Rad technisch in Ordnung ist, am besten führt man vor der Fahrt einen kurzen Check durch. Besonders wichtig sind Bremsen, Gangschaltung und Kette. Ab und zu sollte man auch die Radlager überprüfen lassen. Das Einstellen der Schaltung überlässt man am besten dem Fachmann. Das Radeln ist außerdem grundsätzlich angenehmer, wenn nichts klappert. So sollte man ab und zu alle losen Schrauben nachziehen. Ganz interessant ist ein Tachometer, schließlich informiert er über die Leistung, die man hinter sich gebracht hat oder die noch zu erbringen ist.

Der Amalienfels über der Donau bei Inzigkofen (Tour 17)

Ein Radausflug macht mehr Spaß, wenn auch die Kleidung stimmt. Empfehlenswert ist eine Radlerhose mit Ledereinsatz. Pflegt man diesen mit einem Spezialfett, bleibt das Leder immer schön geschmeidig. Man kann damit einige Probleme mit der »Sitzfläche« vermeiden. Wichtig ist auch eine schweißsaugende bzw. -ableitende Oberbekleidung. Der Fahrtwind ist kühl, auch im Sommer. Man sollte dies nicht unterschätzen! Aber auch wenn es kühler ist, kommt man beim Anstieg ins Schwitzen und der Wind bei der Abfahrt bläst einem ganz schön kalt entgegen. Dann ist man froh, wenn man keinen schweißnassen Stoff auf der Haut hat und vielleicht sogar durch einen winddichten Anorak geschützt ist. Wenn man eine Fahrt mit größeren Anstiegen vor sich hat, ist auch ein Stirnband praktisch, denn der Schweiß tropft dann nicht in die Augen. Im Interesse der eigenen Sicherheit sollte die Kleidung von der Farbe her auffallend sein, insbesondere in der dunkleren Jahreszeit sowie wenn man in der Dämmerung oder nachts fährt. Bei den Schuhen empfiehlt sich eine feste Sohle, damit die Kraft optimal auf die Pedale übertragen wird. Handschuhe sind gut, wenn man schwitzt, bei Stürzen oder, falls gepolstert, bei holprigen Strecken. Für Regentage gibt es fahrradgeeignete Umhänge oder Überbekleidung (Hose und Anorak) – was man vorzieht, ist Geschmacksache. Auch hier sollte man auf Qualität achten!

Idylle im Hohenlohischen, hier am Flüsschen Kessach (Tour 2)

Auch eine kleine Apotheke kann nützlich sein. Pflaster und Desinfektionsmittel sollten auf keinen Fall fehlen, empfehlenswert sind zudem Gaze (Gittertüll), Verbandmull, Wundsalbe, Elastikbinden und eine Schere. Trägt jemand Schürfwunden davon, müssen sie spätestens zu Hause gründlich gereinigt (z. B. unter der Dusche mit Seife) werden. Nach der Desinfektion deckt man sie mit einem sterilen Tuch ab. Alternativ kann man die Wunde im Sommer an der Luft trocknen lassen. Blutergüsse vermeidet oder vermindert man, indem man bei kleinen Verletzungen sofort wieder aufs Rad steigt. Größere und tiefere Wunden muss der Arzt behandeln, der dann vielleicht auch näht, um (auch kosmetischen) Spätschäden vorzubeugen. Ist bei einer Verletzung ein stärkerer Blutverlust zu befürchten, sollte man die Wunde noch an der Unfallstelle abbinden. Spätestens dann ist aber auch der Rettungsdienst zu informieren bzw. schnellstmöglich ein Arzt hinzuzuziehen.

Auch Sonnencreme ist wichtig – durch den Fahrtwind spürt man selbst an heißen Tagen die Sonne nicht. Aber sie brennt gewaltig auf den Nackenbereich! Sinnvoll ist hier ein kleines Halstuch, das mit der breiten Seite hinten getragen wird.

Proviant und vor allem genügend Getränke sollte man natürlich immer dabeihaben. Auf dem Land ist die Verpflegung nicht immer einfach zu besorgen – in manchen Gegenden ist es weit bis zum nächsten Laden und es gibt immer weniger Gaststätten oder sie öffnen erst abends.

Das Rad Kauft man sich ein Rad, sollte man eher eines mit größeren Felgen wählen, dann legt man pro Umdrehung mehr Strecke zurück. Die Sattelhöhe stimmt, wenn bei durchgestrecktem Bein die Ferse auf dem Pedal aufliegt, ansonsten ermüdet man frühzeitig.

Praktisch sind Lenker, welche es ermöglichen, während der Fahrt auch einmal die Halteposition zu wechseln. Der Lenker sollte auf gleicher Höhe wie der Sattel sein, eher sogar etwas tiefer. Links und rechts sollte er nicht ansteigen, sonst ermüden die Arme schneller.

Vor dem Kauf sollte man sich überlegen, ob man sich nicht doch für ein Pedelec (kein E-Bike, denn damit darf auf Rad-, Feld- und Waldwegen nicht gefahren werden) entscheiden will. Die elektrische Unterstützung, die vor allem bergauf sehr hilfreich ist, möchte keiner mehr missen, der ein solches Rad hat.

Fahren und Verhalten Auch Radfahrer haben sich an die Verkehrsregeln zu halten, und Missachtung kann bei Führerscheinbesitzern zu Konsequenzen führen. Neben den grundsätzlichen Regelungen der Straßenverkehrs-Ordnung, die es zu berücksichtigen gilt, tut man als Radfahrer gut daran, vorausschauend und umsichtig zu agieren.

Man sollte vorsichtig und immer bremsbereit fahren. Nicht zu unterschätzen ist auf Straßen bei Abfahrten der Split – ist man in Kurven zu schnell, können böse Stürze die Folge sein! Das Gleiche gilt für unbefestigte oder geschotterte

Verhalten bei Unfällen

- **sofort halten**
- **Unfallstelle sichern**
- **feststellen, was passiert ist**
- **Verletzte versorgen, ggf. Rettungskräfte alarmieren (Notruf: 112)**
- **Spuren sichern**
- **Namen und Adressen von Zeugen notieren, wenn keine Polizei da ist**
- **am Unfallort bleiben, bis die Polizei kommt, auch wenn nicht genau feststeht, ob man selbst am Unfall beteiligt ist**
- **keine Unfallspuren beseitigen, bis die Polizei alles aufgenommen hat**

Von den felsigen Hängen um das Tal der Oberen Donau sieht man hinab zum Fluss und dem Donautal-Radweg, der dort im Flachen verläuft. (Tour 17)

Waldwege. Im Wald gibt es auch heimtückische Gefahren durch im Weg liegende Äste, Steine oder Löcher. Gerade hier, wo es dunkler ist, sieht man solche Hindernisse oft zu spät. Und im Herbst sind manche Hindernisse von Laub bedeckt und nicht zu erkennen! Im Spätherbst oder im Frühjahr sollte man besonders vorsichtig fahren, denn es kann an schattigen Stellen immer wieder Glatteis auftreten.

Bei Anstiegen schaltet man am besten rechtzeitig in den kleineren Gang, bevor man nur noch vorwärtskommt, indem man schwer in die Pedale tritt. Bei Kettenschaltungen sollte man so schalten, dass die Kette ohne Belastung von einem Zahnkranz zum nächsten laufen kann. Aufpassen muss man, dass keine Schnüre, Riemen oder Bänder in die Speichen gelangen. Ein unangenehmer Sturz könnte sonst die Folge sein.

Die eine oder andere der vorgeschlagenen Strecken dieses Buches verläuft auf Wegen, die auch von Spaziergängern oder Wanderern stark frequentiert werden. Besonders auf Kinder muss man hierbei gut achtgeben! Man sollte daher in angepasster Geschwindigkeit an die Fußgänger heranfahren und rechtzeitig (!) auf sich aufmerksam machen. So vermeidet man Konflikte oder gar Unfälle.

Blick auf Weikersheim im Lieblichen Taubertal (Tour 3)

Im Norden des Landes

1 ● Schwer | 42,3 km | 470 Hm | 3.15 Std.

Von Buchen nach Amorbach

Fachwerkpracht und Bildstöcke im Madonnenländle

Mit Buchen und dem bereits in Bayern liegenden Amorbach haben wir bei dieser Radtour zwei sehenswerte Städte als Ausgangs- beziehungsweise Wendepunkt. Hier kann man gut eine Pause oder einen Stadtbummel einlegen. Interessant sind auch die zahlreichen Bildstöcke, Zeichen der Frömmigkeit der Bevölkerung.

✔ Darum einzigartig

Die Bezeichnung Madonnenländle für die Gegend zeigt schon an, was den Besucher erwartet: Frömmigkeit mit Bildstöcken und Madonnenfiguren. Dazu erfreut uns die herbe und waldreiche Landschaft von Bauland und Odenwald.

Im Madonnenländchen säumen zahlreiche Bildstöcke den Weg.

Hinab im Morretal Am Bahnhof fahren wir in der Eisenbahnstraße nach Westen und biegen gleich darauf rechts in die Straße Am Haag ein. Kurz darauf folgen wir am Kreisverkehr der Walldürner Straße nach links. Am nächsten Kreisverkehr orientieren wir uns rechts in die Mühltalstraße, auf der wir bergab fahren. Wo es links zum »Waldschwimmbad« geht, verlassen wir die Straße, es sei denn, wir radeln lieber auf der Landstraße. Ansonsten fahren wir am Schwimmbad, dann an der Kläranlage vorbei und rollen weiter durch das idyllische Morretal. An der Straße nach Stürzenhardt halten wir uns kurz links, dann zweigen wir wieder rechts ab und fahren weiter durch das Tal bis Hettigenbeuern.

Ins Fachwerkparadies Amorbach Dort treffen wir auf die nach Steinbach führende Steinbacher Straße. Wir halten uns rechts, durchqueren den Ort und biegen vor der Kirche links in die Schneeberger Straße ein. Nun radeln wir auf einem ruhi-

Romantische Fachwerkhäuser umgeben den Kirchturm in Buchen.

gen Landsträßchen und durchqueren Zittenfelden, ehe wir nach Schneeberg gelangen. Hier kann man vor der Kirche entweder der B47 nach links nach Amorbach folgen oder die nach der Kirche rechts abgehende Weinbergstraße nehmen, die aber später auch in die Bundesstraße einmündet.

In Amorbach biegen wir am Kreisverkehr links ab in die Debonstraße. Bevor wir aber weiterfahren, sollten wir das rechts liegende Zentrum mit den sehenswerten Fachwerkhäusern aufsuchen. Dabei kann man sich auch etwas erholen und vor der Weiterfahrt nach Mudau neue Kräfte sammeln.

Es geht wieder bergauf Nach einer Besichtigung oder Einkehr radeln wir auf der Landstraße in Richtung Kirchzell. Kurz nach der Pulvermühle biegen wir links ab und durchqueren Buch. Jetzt geht es auf und ab, teilweise durch den Wald, nach Mudau. Dort halten wir uns in Richtung »Ortsmitte« links in die Hauptstraße. Sie zieht nach der Kirche nach rechts und bringt uns zur Rumpfener Straße. Nun biegen wir links ab, es folgt ein lebhaftes Auf und Ab, dafür sehen wir immer wieder Bildstöcke neben der Straße.

Eine Schafherde in den Wiesen belebt jede Landschaft.

Wir durchqueren Rumpfen, dann steigt es an zum Waldrand, wo wir uns ein paar Kreuze ansehen können. Nach dem Wald rollen wir mit schöner Aussicht steil hinab nach Unterneudorf. Nach diesem Weiler geht es wieder hoch in den Wald. Nach diesem liegt rechts das Kreiskrankenhaus, nun sind wir wieder in Buchen. Wir fahren in der Dr.-Konrad-Adenauer-Straße zu einem Kreisverkehr. Hier biegen wir an der dritten Ausfahrt ab in die Straße Am Schrankenberg. Am nächsten Kreisverkehr behalten wir unsere Richtung bei, jetzt fahren wir auf bekanntem Weg durch die Walldürner Straße bis zu dem Kreisverkehr, den wir bereits zu Beginn der Tour passiert haben. Nach rechts kommen wir über die Straße Am Haag zur Eisenbahnstraße und somit zurück zum Bahnhof.

✔ Nicht versäumen

Buchen und Amorbach locken zu Stadtbesichtigungen: Vor allem in Amorbach sehen wir viele Fachwerkhäuser. Wer noch Zeit hat, sollte sich die Eberstädter Tropfsteinhöhle südlich der Stadt anschauen.

✔ Hier geht's lang

Ausgangs- und Endpunkt: Buchen, Bahnhof, Eisenbahnstr., GPS: 49.523414, 9.328382

Tourencharakter: Wir radeln auf festen Wegen und Sträßchen, teilweise auf einem Radweg neben der Straße. Der Höhenunterschied ist zwar nicht gering, verteilt sich aber auf eine längere Strecke.

ÖPNV: Mit der Bahn nach Buchen (www.efa-bw.de)

Auto: A81 bis Ausfahrt Osterburken, dann auf der B292, der L519 und der K582 über Eberstadt nach Buchen

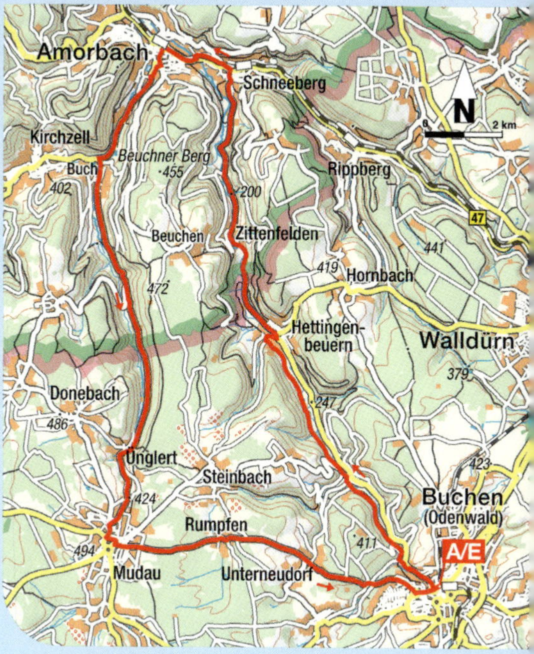

Übernachtung: Hotel Restaurant Reichsadler, Walldürner Str. 1, 74722 Buchen, www.reichsadler.de

Einkehr: Gasthaus Zum Schwanen, Kellereistr. 44, 74722 Buchen, www.schwanenbuchen.wordpress.com; Hotel Restaurant Reichsadler (s. o.); Restaurant Schmelzpfanne, Schenkgasse 14, 63916 Amorbach, www.schmelzpfanne.com

Information: www.buchen.de, www.amorbach.de

2 Mittel | 31,5 km | 240 Hm | 2.30 Std.

Von Osterburken ins Kessach- und ins Jagsttal

Römisches Kastell, Fachwerk und idyllische Täler

Bei dieser abwechslungsreichen Radtour durch das fränkische und das Hohenloher Land ist einiges geboten: Nicht nur besuchen wir mit dem Ausgangsort, der »Römerstadt« Osterburken, und dem romantischen Möckmühl zwei sehenswerte Städte, auch unterwegs durchfahren wir interessante Orte und idyllische Täler.

✔ Darum einzigartig

Der Ausgangsort ist einer der Hotspots für die Römerzeit, der Zielort zeigt uns mit seinen romantischen Fachwerkhäusern eine Spitzwegidylle.

Erinnerungen an die Römer Wenn wir den Bahnhof Osterburken verlassen, halten wir uns erst rechts. Kurz danach können wir die Gleise in einer Unterführung in Richtung Stadtmitte unterqueren. Auf der anderen Seite fahren wir auf der Güterhallenstraße wieder in Richtung Bahnhof. Sie knickt dann links als Prof.-Schumacher-Straße ab und wir rollen zum Feuerwehrhaus. Zum Römermusem und ins Stadtzentrum müssten wir hier nach links durch die Römerstraße einen Abstecher machen, vor allem das Römermuseum lohnt sich.

Ansonsten radeln wir geradeaus weiter. Nach dem Feuerwehrhaus liegt rechts der Straße, auf die wir stoßen, das rekonstruierte Kastell. An ihm vorbei fahren wir in der Kastellstraße den Berg hinauf. Oberhalb des Kastells biegen wir rechts ab in die Wemmershöfer Straße. Es steigt weiter an, wir verlassen den Ort, überqueren die Bundesstraße und kommen zu einer Querstraße, die uns nach rechts nach Wemmershof führt.

Über die Höhe In diesem Dorf werden wir nach links in Richtung »Hergenstadt« verwiesen. An der Querstraße vor einem Anwesen halten wir uns rechts, an der nächsten Querstraße links. Bald sind wir in Hergenstadt. Wir fahren, vorbei an dem kleinen Kirchlein, erst hinab, dann wieder aufwärts in den Wald.

Flussidylle in Widdern

Dort biegen wir rechts ab in Richtung »Oberkessach«. Wir radeln durch die Ansiedlung Hopfengarten, unterqueren die A81 und treffen kurz danach auf die Landstraße L1046. Auf der anderen Straßenseite nehmen wir das erst nach rechts ziehende, dann links abknickende Sträßchen. Nun rollen wir durch den Golfplatz und durch eine Wiesenlandschaft immer weiter bis zur querenden Landstraße K3955.

Hinab ins Kessachtal Wir überqueren sie und kurz danach auch die Kessach. Nach dem Bach biegen wir rechts ab, halten uns gleich darauf an der Verzweigung rechts und rollen durch das Tal bis Oberkessach. Dort wenden wir uns an der querenden Bieringer Straße nach rechts, dann gleich nach links in die Rossacher Straße in Richtung »Berlichingen«. Etwas später biegen wir rechts in die Kaiserstraße ab, danach halten wir uns links in den Auweg. Nun radeln wir auf dem Kessachtal-Radweg bis kurz vor Unterkessach. Dort werden wir nach rechts zur Straße verwiesen, auf ihr fahren wir nach links in den Ort hinein. Nach der Kirche folgen wir dem nach »Möckmühl« zeigenden Radwegschild

Das ehemalige Kastell in Osterburken ist teilweise in seinen Grundmauern erhalten.

nach links und fahren in der Talstraße, später der Unterkessacher Straße bis Widdern.

Restetappe im idyllischen Jagsttal Dort überqueren wir die Durchgangsstraße. Links der Kirche weist uns das Radwegschild in Richtung »Wilhelm-Frey-Halle« auf eine Brücke, auf der wir die Jagst überqueren. Danach halten wir uns rechts und folgen dem Kocher-Jagst-Radweg.

Er führt uns links des Flusses nach Möckmühl. Dort treffen wir auf eine Querstraße, orientieren uns rechts und überqueren die Jagst. Nun ist es empfehlenswert, einen Abstecher in die Innenstadt zu machen. Zum einen kann man dann das sehenswerte Zentrum der Stadt besichtigen, zum anderen lockt auch eine abschließende Einkehr. Ansonsten biegen wir an der Ampel vor dem Zentrum und der Stadtmauer links ab und fahren bis zur nächsten Ampel. Hier halten wir uns links und gleich nochmals links in die Bahnhofstraße, die uns zum Bahnhof Möckmühl bringt.

✔ Nicht versäumen

In dem umfangreichen Römermuseum in Osterburken wird mit zahlreichen Exponaten das Leben, Wohnen und Arbeiten der Soldaten und Zivilisten in den Kastellen und im Lagerdorf von Osterburken anschaulich gemacht. Ein weiterer Schwerpunkt liegt auf den religiösen Zeugnissen dieser Zeit. Anhand der Reste des ehemaligen Kastells kann man sich eine gute Vorstellung vom Umfang einer solchen Anlage machen.

✔ Hier geht's lang

Ausgangspunkt:
Osterburken, Bahnhof,
GPS: 49.430073, 9.422655

Endpunkt:
Möckmühl, Bahnhof,
GPS: 49.321180, 9.358320

Tourencharakter: Wir fahren ohne viel Höhenunterschied auf festen Wegen.

ÖPNV: Mit der Bahn nach Osterburken oder Möckmühl (www.efa-bw.de)

Auto: A81 bis Ausfahrt Osterburken, dann auf der L292 und der L515 nach Osterburken

Übernachtung:
Hotel Kleine Radlerherberge,
Kirchplatz 3, 74219 Möckmühl,
www.kleine-radlerherberge.de

Einkehr: Gasthaus zum Bären, Hauptstr. 16,
74219 Möckmühl,
www.baeren-moeckmuehl.de

Information:
www.osterburken.de, www.roemermuseum-osterburken.de, www.moeckmuehl.de

Fachwerkpracht in Möckmühl

3 ● Schwer 48,5 km 420 Hm 4 Std.

Von Bad Mergentheim ins Wachbach- und Vorbachtal

Liebliches Taubertal, sehenswerte Städte

Das nicht umsonst sogenannte Liebliche Taubertal zeigt sich bei dieser Tour von seiner schönsten Seite, denn mit den zahlreichen interessanten Orten, allen voran natürlich Bad Mergentheim sowie Weikersheim mit seinem berühmten Schloss und dem Schlossgarten, hat dieser Ausflug viel zu bieten.

✔ Darum einzigartig

Das Taubertal trägt die Bezeichnung »Lieblich« im Beinamen – zu Recht, wie wir bei dieser Tour erfahren. Zu den Besonderheiten gehören die sehenswerte Deutschordensritterstadt Bad Mergentheim sowie Schloss und Schlossgarten Weikersheim, ein wohl einmaliges Ensemble im Land.

Durch die alte Stadt Vom Bahnhofsplatz aus folgen wir erst der Bahnhofstraße nach Südosten, dann der Straße Gänsmarkt und der Kirchstraße zum Marktplatz. Weiter nach Süden geht es an der Ostseite des Hans-Heinrich-Ehrler-Platzes bis zum Mittleren Graben. Dort biegen wir rechts ab, kurz darauf halten wir uns links in die Propsteistraße. Etwas später biegen wir mit dem Radwegschild nach »Stuppach« links ab in die Straße Zwischen den Bächen. Ihr folgen wir nun nach Süden.

Nach dem Sportplatz biegen wir unter einer Brücke links ab, halten uns aber nach dem Bach mit dem Wanderzeichen blauer Punkt gleich wieder rechts in die Max-Planck-Straße. Wo sie als Otto-Hahn-Straße geradeaus weiterführen würde, fahren wir in der Stuppacher Straße rechts über die Brücke, wenden uns aber gleich nach links in den Darrweg. Er führt uns aus dem Ort hinaus.

Durch das Wachbachtal Wir stoßen auf die B19, überqueren sie und radeln auf der anderen Seite nach rechts weiter. Nun fahren wir mit den Radwegschildern durch die Auenlandschaft des Wachbachs. Vorbei am Damm des Rückhaltebeckens kommen wir zum Waldrand. Hier halten wir uns an der Verzwei-

Wie im Lieblichen Taubertal üblich wird auch diese Brücke vom Brückenheiligen St. Nepomuk beschützt.

gung links. Nach einiger Zeit sind die Bäume links des Weges als Baumlehrpfad mit ihren Sortennamen beschriftet. Danach werden wir nach links verwiesen. Wir überqueren den Bach und kommen zur K2887. Ihr folgen wir nach rechts nach Wachbach hinein. Im Ort halten wir uns rechts in die Straße In den Torgärten. Sie zieht nach links und führt uns in Richtung »Hachtel« durch das Dorf.

Nach einer Querstraße geht es etwas nach rechts versetzt in der Alten Schloßstraße weiter. Wir fahren zwischen der evangelischen Kirche und dem Wasserschloss hindurch. Nach der katholischen Kirche weist uns das Radwegschild nach rechts (Straße Im Ursprung), dann gleich wieder nach links in die Straße Fröschberg. Nun geht es weiter durch das Tal bis Hachtel.

Dort rollen wir unterhalb der Kirche zur Durchgangsstraße (Reformstraße), halten uns rechts, dann in Richtung »Rot« gleich wieder links in die Ottmar-Mergenthaler-Straße und biegen gleich darauf links ab in die Bachstraße, später Heerstraße. Sie zieht nach rechts und steigt nach dem Ort an einer Verzweigung auf dem linken Weg an.

Nach einer Fahrt über die Höhe erreichen wir nach einem Linksknick das Zentrum von Rot. Wir folgen dort der Seestraße nach rechts in Richtung »Niederstetten«. Vor einem kleinen Weiher weist uns das Radwegschild nach links. Wir kommen zur B290, fahren an ihr entlang nach links bis vor Herbsthausen, überqueren die Bundesstraße und halten uns nach ihr rechts. Nun führen uns die Schilder des Radwegs »Liebliches Taubertal Der Sportive« nach Adolzhausen.

Über Niederstetten ins Vorbachtal Wir durchqueren das Dorf in Richtung »Pfitzingen«. Am Ortsende biegen wir vor dem Friedhof rechts, dann gleich links ab und folgen dem Feldweg bis ins sehenswerte Niederstetten. Dort treffen wir bei den ersten Häusern auf die Weinsteige, biegen links ab und danach rechts in die Heyerbergstraße. Ihr folgen wir zur Frickentalstraße und halten uns links, bis links die Bahnhofstraße abgeht, auf der wir weiterfahren. Wo nach dem Bahnhof die Straße in Richtung »Pfitzingen« über die Gleise führt, zweigen wir rechts ab Richtung »Weikersheim«, danach halten wir uns an der Rechtskurve links. Nun radeln wir immer parallel zu den Bahngleisen, beim rechts liegenden Vorbachzimmern ist »Haagen« angeschrieben. Danach verläuft der Radweg ein kurzes Stück links der Bahngleise. Bald fahren wir durch Haagen hindurch.

Von der Bergkirche zum Schloss nach Weikersheim Nun kommen wir nach Laudenbach. Dort biegen wir rechts ab in die Marienstraße. Es lohnt sich aber, hier das Rad abzustellen (z. B. rechts bei den Sportplätzen) und dem Schild »Fußweg zur Bergkirche« zu folgen – der Weg beginnt links hinter der Bahnbrücke.

Ansonsten oder nach der Rückkehr von der Bergkirche folgen wir der Marienstraße und später der Straße Am Markt bis zur vorfahrtsberechtigten Herrgottstraße, in die wir links einbiegen. Wir verlassen in der Weikersheimer Straße den Ort. Immer parallel zur L1001 auf dem Radweg fahrend erreichen wir Weikersheim.

Vor Weikersheim führt uns der Radweg nach links über den Bach, dann vor der Bahnlinie nach rechts. Zuerst in der Straße Mühlgärten, dann der Kanalstraße gelangen wir zu der querenden Friedrichstraße. Hinter ihr rollen wir in Richtung »Stadtmitte Schloss« in der Straße An der Stadtmauer geradeaus

Das Schloss in Weikersheim bildet mitsamt dem Schlossgarten ein einzigartiges Ensemble im Land.

weiter bis zur querenden Hauptstraße. Ihr folgen wir nach links. Sie bringt uns in einigen Windungen zum Marktplatz mit der Kirche links und dem Schloss rechts. Dieses und der Schlossgarten mit seinem Zwergerlgarten und den weiteren Skulpturen sollten unbedingt besichtigt werden.

Wir fahren weiter in der Hauptstraße, bis rechts die Karl-Ludwig-Straße abgeht, dann nehmen wir den rechts abgehenden Taubermühlenweg, der in den Tiefen Weg übergeht. Wir queren die Bahnlinie nach links, danach biegen wir rechts ab. Immer links der Tauber rollen wir nach Elpersheim, am Schluss in der Straße Wallgraben.

An der querenden Deutschordensstraße orientieren wir uns rechts und fahren über die Tauber bis vor die Bahnlinie. Hier halten wir uns links in die Alte Taubertalstraße. Nun geht es wieder entlang der Tauber, die sich links von uns schlängelt. Im Weinort Markelsheim biegen wir links ab in die Hauptstraße, dann rechts in die Scheuerntorstraße.

Kurpark und Deutschritterherrlichkeit Wir radeln aus dem Ort hinaus und fahren entlang der Tauber nach Igersheim. Dort biegen wir rechts ab in die Bad Mergentheimer Straße und halten uns nach der Tauber und vor den Gleisen links in die Herrenwiesenstraße.

Den Brunnen auf dem Marktplatz von Bad Mergentheim schmückt die Figur des »Milchlings«.

Nun rollen wir anfangs neben der Bahnstrecke bis Bad Mergentheim. Nach den Sportanlagen und dem Minigolfplatz liegt links das Freibad, rechts der Ursprung der Paulsquelle; wer die nur 100 Meter entfernte Solymar Therme besuchen möchte, trägt sein Rad kurz die rechts abgehende Treppe hinauf. Ansonsten unterqueren wir die Schwimmbadstraße.

Danach liegt rechts die Brunnenstube der Albertquelle. Anschließend kämen wir in die Kuranlagen, in denen Radfahren aber nicht erlaubt ist. Deshalb halten wir uns links, überqueren die Tauber, orientieren uns danach rechts und radeln am Verkehrsübungsplatz/Jugend-Verkehrs-Schule vorbei zum gelb gestrichenen chinesischen Schellenhäuschen. Wir rollen links an ihm vorbei und fahren am Rand des Kurparks zur querenden Kapuzinerstraße. Nach rechts bringt sie uns zum Deutschordensschloss. Am Brunnen biegen wir links ab in die Burgstraße und kommen zum Marktplatz.

Wir wenden uns nach rechts und fahren durch die Straße Ledermarkt, dann links in den Gänsmarkt. An seinem Ende halten wir uns rechts in die Härterichstraße. Danach treffen wir auf die Poststraße, sie bringt uns nach links zum Bahnhof.

✔ Nicht versäumen

Die Bergkirche, ein kleines kunsthistorisches Juwel, war die Grablege der Grafen von Hatzfeld. 1880 wurde ihr Inneres im Stil der Neugotik gestaltet. Mit dem aus dem 15. Jahrhundert stammenden Gnadenbild im Hochaltar, einer Anbetungsszene der drei Könige, die der Riemenschneiderschule zugeschrieben wird, sowie den Altarbildern aus der Renaissance besitzt sie aber auch bedeutende ältere Kunstschätze.

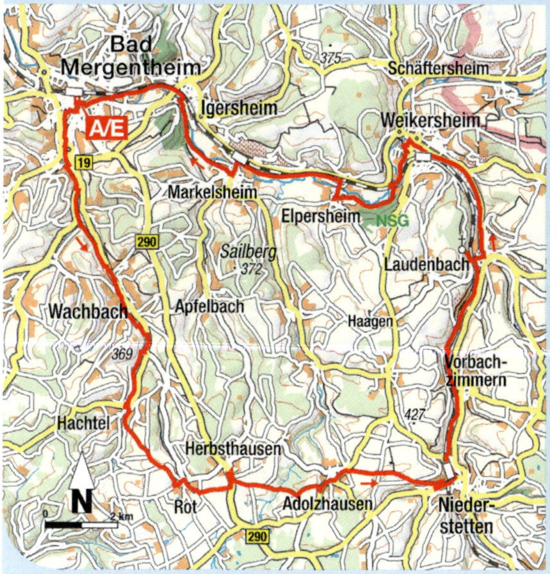

Begrenzt wird der Schlossgarten von Weikersheim durch die prächtige Orangerie.

✔ Hier geht's lang

Ausgangs- und Endpunkt: Bad Mergentheim, Bahnhofsplatz 1, GPS: 49.493455, 9.771981

Tourencharakter: Wir fahren auf festen Wegen. Durch die Länge der Tour summieren sich zwar die Höhenmeter beachtlich, da sie aber verteilt auftreten, sind sie gut zu verkraften.

ÖPNV: Bahnverbindung nach Bad Mergentheim (www.efa-bw.de)

Auto: A81 bis Ausfahrt Boxberg, weiter auf der B292, vor Boxberg nach Osten zur B19, auf ihr und später der B290 nach Bad Mergentheim

Übernachtung und Einkehr: Hotel Laurentius, Marktplatz 5, 97990 Weikersheim, www.hotel-laurentius.de; Hotel-Restaurant Weinstube Lochner, Hauptstr. 39, 97980 Bad Mergentheim-Markelsheim, www.weinstube-lochner.de

Information: www.liebliches-taubertal.de

4 Mittel | 29 km | 290 Hm | 2.15 Std.

Von Neckargemünd nach Dilsberg

Radeln und besichtigen

Eine sehenswerte Stadt folgt bei dieser Tour der nächsten, immer wieder gibt es beeindruckende Häuser zu bewundern. Höhepunkt, im wahrsten Sinne des Wortes, ist aber sicherlich die Feste Dilsberg hoch über dem Neckar. Sie erreichen wir kurz vor Ende der Tour.

✔ Darum einzigartig

Die Tour führt gleich zu mehreren sehenswerten Orten, darunter Neckargemünd, Meckesheim, Kloster Lobenfeld sowie die beeindruckende Feste Dilsberg.

Vom Neckar hinauf Autofahrer parken am Neckar in der Dilsberger Straße, danach folgen sie der Kirchgasse hinauf zum Marktplatz. Hier fahren wir auf der Hauptstraße nach links zu der klassizistischen Toranlage und dahinter in der Wiesenbacher Straße aus Neckargemünd hinaus.

Wer mit öffentlichen Verkehrsmitteln kommt, startet an der S-Bahn-Station Neckargemünd Altstadt. Von dort aus fahren wir in der Julius-Menzer-Straße nach links hinauf zu der genannten Toranlage, wo wir uns links in die Wiesenbacher Straße halten.

Nun radeln wir neben der Landstraße auf dem Radweg bis Wiesenbach. Dort zieht die Straße nach rechts und bringt uns zur querenden Bammentaler Straße. Wir biegen rechts ab und am Kreisverkehr links in die Straße In der Au. Gleich danach fahren wir nach dem Bach auf dem schmalen Weg nach rechts, unterqueren die B45 und halten uns danach links. Anschließend biegen wir rechts ab und radeln durch die Streuobstwiesen zur Landstraße L600, die uns nach links nach Bammental (Reilsheim) bringt. Wir fahren durch den Ort hindurch und überqueren die Elsenz. Nach der Linkskurve biegen wir links ab in die Schulstraße; etwas weiter geradeaus können wir aber ein prächtiges Fachwerkhaus von 1593 mit Erker bewundern.

Kirchenruine und ehemaliges Kloster In der Schulstraße fahren wir an einem Türmchen und einem Fachwerkhaus vorbei und verlassen bald den Ort.

Alte Baukunst in Neckargemünd

Wir queren die Bahnlinie, die Bundesstraße und die nach Mauer führende Straße. Danach rollen wir kurz parallel zur Bundesstraße weiter. Wir unterqueren sie und kommen zum Bahnhof von Meckesheim. Nach ihm fahren wir auf der Bahnhofstraße nach links in den Ort hinein, hier sollten wir das prächtige Denkmal für Carl Theodor, Kurfürst von der Pfalz von 1782, und das historische Wasserkraftwerk dahinter beachten. Auch der Rest von Meckesheim weist mit seiner historischen Bausubstanz ein heimeliges Ortsbild auf. Nach dem Zentrum biegen wir links ab in Richtung »Lobbach«. Bei Verlassen des Ortes sehen wir links die Ruinenreste der ehemaligen Kirche St. Martin (6./7. Jh.), die auf einem römischen Ruinenplatz errichtet wurde.

Danach fahren wir durch Mönchzell hindurch und kommen nach Lobenfeld. Vor dem Ort radeln wir am rechts liegenden Kloster vorbei, anschließend an der Kirche. Am Kreisverkehr danach behalten wir unsere Richtung bei. Wo bald darauf die Ziegelstraße nach links zieht, zweigen wir rechts ab und fahren in der Klosterstraße mit der Bezeichnung »Radweg nach Waldwimmersbach«

Kirchenruine in Meckesheim

durch ein idyllisches Tal. Bei den nächsten Häusern geht es nach links im Alten Mühlweg steil hinauf zur Landstraße. Etwas nach links versetzt fahren wir weiter bergauf in Richtung »Mückenloch«.

Abstecher zur Feste Dilsberg Es steigt erst immer an, dann fällt das Sträßchen wieder. An einem Rechtsknick zweigen wir links ab auf den mit dem roten Kreuz markierten Feldweg. Er bringt uns in den Wald, dann zu den Dilsberger Sportplätzen. Ab hier können wir das Rad bergab rollen lassen. An der querenden Durchgangsstraße empfiehlt sich aber ein Abstecher nach rechts hinauf ins Zentrum der Siedlung auf dem Berg und zur Burg. Ansonsten geht es etwas nach links versetzt in derselben Richtung weiter. Nach Rainbach erreichen wir den Neckar und radeln zurück nach Neckargemünd.

✔ Nicht versäumen

Die Feste Dilsberg steht gleich einer Krone hoch über dem Neckartal, daher hat man auch vom Weg zu ihr und von ihr aus prächtige Blicke hinab. Die mächtige Ruine kann gegen Gebühr besichtigt werden, aber auch schon von außen beeindruckt das Bauwerk.

Man sollte sich die Fresken in der ehemaligen Klosterkirche in Lobenfeld ansehen.

✔ Hier geht's lang

Ausgangs- und Endpunkt: Neckargemünd, Dilsberger Str., GPS: 49.393526, 8.802207

Tourencharakter: Wir radeln auf Sträßchen, Rad- und Feldwegen. Die Höhenunterschiede halten sich auf der Strecke in Grenzen, allerdings steigt es zur Ruine stärker an.

ÖPNV: S-Bahn bis Neckargemünd, Haltestelle Altstadt (www.efa-bw.de)

Auto: A81 bis Weinsberger Kreuz, A6 bis Ausfahrt Sinsheim, B45 bis Neckargemünd

Einkehr: Gasthof zum Schiff, Schiffgasse 3, 69151 Neckargemünd

Information: www.neckargemuend.de

5

Leicht | 27 km | 170 Hm | 2 Std.

Von Bad Rappenau nach Schwaigern

Streckentour durch den Kraichgau

Der Kraichgau trägt auch den Beinamen »Land der tausend Hügel«. Man braucht aber nicht zu erschrecken – es sind Hügel, keine Berge, durch und über die uns diese Radtour führt. Wir radeln durch die fruchtbaren Felder und Waldstücke, immer mit leichtem Auf und Ab bis nach Schwaigern.

✔ *Darum einzigartig*

Die prächtige, leicht gewellte Kraichgaulandschaft mit ihren Feldern ist besonders zwischen Frühsommer und der Erntezeit eine – auch farbliche – Attraktion.

Durch die Felder Wir verlassen den Bahnhof Bad Rappenau auf der Nordseite und halten uns links in die Bahnhofstraße. An der querenden Straße Hinter dem Schloss biegen wir links ab, am Kreisverkehr halten wir uns rechts in die Raiffeisenstraße. Nun verlassen wir den Ort und radeln durch die Felder. Wir unterqueren die Landstraße L549, rollen kurz entlang der K2142 und fahren nach einem querenden Feldweg auf ihrer rechten Seite weiter bis zu einer Kreuzung.

Hier orientieren wir uns links, es geht steil hinab nach Treschklingen. Nach einer Rechtskurve biegen wir an der Querstraße links ab in Richtung »Fürfeld«. Gleich darauf an der Linkskurve radeln wir geradeaus weiter, rechts vorbei an dem Fachwerkhaus mit dem Uhrtürmchen. Die Straßen Am Kriechenberg und Leibnizstraße bringen uns ansteigend wieder hinauf und wir verlassen den Ort.

In den Feldern radeln wir rechts an einem Hof vorbei bis vor den Waldrand, dort biegen wir rechts ab und fahren durch den Wald bis zum Karlshof. An der Landstraße danach halten wir uns rechts, dann gleich wieder links. Wir unterqueren die Autobahn und kommen danach zu einer Landstraße, die uns nach links nach Kirchardt bringt. Dort rollen wir geradeaus durch den Ort hindurch. Die Bundesstraße B39 mündet von rechts ein, und wo sie kurz darauf links abzweigt, radeln wir geradeaus weiter.

Das ehemalige Wasserschloss in Bad Rappenau

Idyllischer Weiher unterwegs

Abwechslungsreich nach Gemmingen Nach dem Ort biegen wir links von der Landstraße ab und halten uns gleich nach dem Bach rechts. Nun rollen wir bis zu einem Weiher. Hier geht es nach einem Links-rechts-links-Knick in derselben Richtung weiter.

Wir kommen durch ein Gewerbegebiet und treffen nach dem Sportplatz auf eine querende Straße. Nach ihr geht es etwas nach rechts versetzt im Wiesenweg weiter. Schließlich treffen wir auf die nach Gemmingen führende Straße, der wir ein Stück folgen, dann zweigen wir bei einem Parkplatz mit dem Wanderzeichen weißes Dreieck links ab. Nun fahren wir durch den Wald, bis wir auf den mit dem blauen Kreuz markierten Querweg treffen. Auf ihm rollen wir nach rechts. Nach dem Wald geht es kurz am Waldrand entlang, dann knickt der Weg links ab und bringt uns nach Gemmingen.

Ins sehenswerte Schwaigern Hier folgen wir der Durchgangsstraße nach links. Vor der Zufahrt zur B293 zweigen wir links ab in Richtung »Schleifweghöfe«. An ihnen vorbei geht es bis zu den Römerhöfen. Hier halten wir uns rechts und radeln zur Zufahrt zur B293 vor Schwaigern. Wir fahren nach rechts und nach Schwaigern hinein. Es geht in der Gemminger Straße am Freibad, dann an den Sportanlagen vorbei bis zu einer Querstraße. Hier biegen wir rechts ab und rollen durch den Markt. Gleich darauf am Linksknick fahren wir in der Theodor-Heuss-Straße durch das Zentrum hindurch bis zum Hauptbahnhof Schwaigern.

✔ Nicht versäumen

Im Zielort Schwaigern bietet sich im Anschluss an die ohnehin recht kurze Tour noch ein Stadtbummel an. Mit der bedeutenden Stadtkirche St. Johannes d. T., dem Schloss, den ehemaligen Amtsgebäuden und weiteren sehenswerten historischen Häusern, den Resten der Stadtmauer und dem Hexenturm gibt es hier einiges zu besichtigen.

Hier geht's lang

Ausgangspunkt: Bad Rappenau, Bahnhof, Elsenztalbahn, GPS: 49.238013, 9.101262

Endpunkt: Schwaigern Bahnhof, Stadtbahn, GPS: 49.138769, 9.057017

Tourencharakter: Die Tour verläuft auf Sträßchen und Feld- und Waldwegen. Auch wenn der Kraichgau angeblich aus 1000 Hügeln besteht, müssen wir auf dieser Radtour nicht viele Höhenmeter bewältigen.

ÖPNV: Mit der Bahn nach Bad Rappenau, Rückfahrt mit der Bahn ab Schwaigern (www.efa-bw.de)

Auto: Wer mit dem Auto anreist, parkt am besten auf dem Parkplatz beim Bahnhof von Bad Rappenau und fährt nach der Tour von Schwaigern aus mit der Bahn wieder dorthin zurück.

Übernachtung:
Gasthaus zum Ochsen,
Hindenburgplatz 1,
74193 Schwaigern,
www.ochsen-schwaigern.de

Einkehr:
Zum Alten Rentamt,
Schloßstr. 6–8,
74193 Schwaigern,
www.altesrentamt.de

Information:
www.badrappenau.de,
www.schwaigern.de

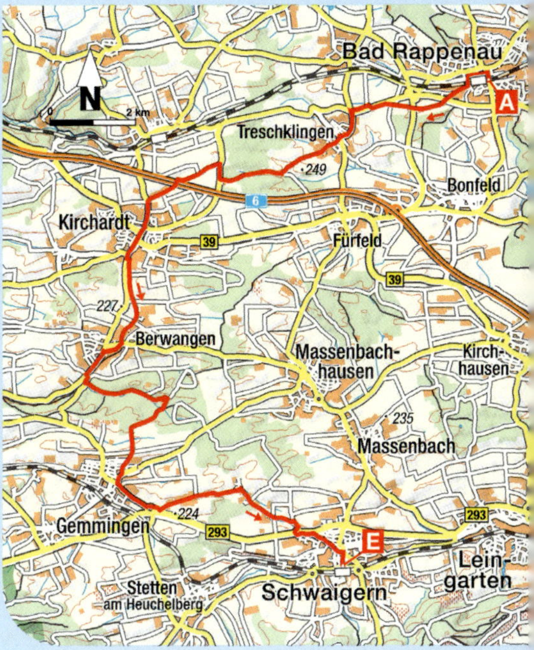

6 Mittel | 45 km | 280 Hm | 3.30 Std.

Von Waldenburg über Forchtenberg nach Öhringen

Zweitälerfahrt durchs Kocher- und durchs Ohrntal

Diese Fahrt führt uns durch ein schönes Stück Hohenlohe. Beeindruckend sind auch die beiden idyllischen Täler und die Landschaft, durch die wir rollen. Nicht zuletzt erfreuen uns aber die sehenswerten Städte, denn mit Waldenburg, Forchtenberg und Öhringen können wir drei der schönsten in Hohenlohe besuchen.

✔ Darum einzigartig

Die Fahrt durch das Kocher- und das Ohrntal wird noch getoppt durch die drei Städte Waldenburg, Forchtenberg und Öhringen, alles Perlen des Hohenloher Landes.

Zuerst zur Bergstadt Wir starten am Bahnhof Waldenburg. Zunächst machen wir einen Abstecher, dazu noch mit Anstieg, denn wir sollten unbedingt das Städtchen auf der Höhe besuchen. Es hat mit seinem Schloss und dem Stadtbild nicht nur selbst einiges zu bieten, sondern man hat von oben auch einen grandiosen Blick auf die Umgebung mit der Hohenloher Ebene. Für diesen Abstecher fährt man vom Bahnhof aus in der Straße Am Bahnhof nach Westen und hält sich in der querenden L1046 links. Nun steigt es an, dafür können wir es auf der Rückfahrt bergab sausen lassen.

Wir durchqueren Waldenburg und biegen nach dem Lindenplatz rechts ab in den Roten Weg. Er knickt bald rechts ab. Später treffen wir wieder auf die L1046 und folgen ihr kurz, dann biegen wir links ab in die K2355. In diesem Sträßchen fahren wir, bis wir nach rechts zum Rebbigshof abbiegen können.

Durch die bäuerliche Landschaft ins Kochertal Wir rollen links an ihm vorbei, unterqueren die A6 und halten uns danach an der L1036 links. Gleich danach biegen wir rechts ab, fahren durch Lohe, überqueren den Hirschbach und zweigen links ab. Nun radeln wir auf einem Feldweg immer am Bach entlang, bis es an der K2356 nicht mehr weitergeht. Dort fahren wir nach rechts

Blick auf Waldenburg

nach Löschenhirschbach. Im Ort nehmen wir an der Verzweigung die linke Straße in Richtung »Kirchensall«.

Wir rollen durch die Felder bis zur Landstraße L1051, die uns in der Hauptstraße nach rechts nach Kirchensall bringt. Dort knickt die Straße erst links, dann rechts ab. Danach halten wir uns links in die Schulstraße, dann gleich rechts in Richtung »Neureut«. Wir verlassen das Dorf und fahren wieder durch die Felder. An der Verzweigung unter den Stromleitungen orientieren wir uns rechts. Etwas später biegen wir an der Landstraße L1046 links ab. Wir fahren nun links an Neureut vorbei. Danach durchqueren wir Wohlmuthausen und kommen nach Schwarzenweiler. In diesem Dorf halten wir uns rechts und radeln bis zu einem querenden Weg. Ihm folgen wir nach rechts zur L1048, in die wir rechts einbiegen, um hinab nach Forchtenberg zu rollen.

Von Forchtenberg durchs Kochertal In Forchtenberg halten wir uns nach der Kupfer rechts und kommen ins historische Zentrum. Dort biegen wir links in die Hauptstraße ein und radeln, bis es nach links durch das Würzburger Tor aus dem Ort hinaus zur Öhringer Straße geht. Wer sich nach der bisherigen Radfahrt und vor dem Rückweg ein wenig die Füße vertreten möchte, kann aber vorher noch zu Fuß einen Abstecher zur Ruine Forchtenberg machen.

Ansonsten halten wir uns in der Öhringer Straße rechts und überqueren den Kocher. Danach folgen wir der Schöntaler Straße. Sie knickt links ab, dann nach dem Friedhof rechts. Wir unterqueren die L1045 und biegen danach im Wohngebiet links in die Wülfinger Straße ein, anschließend links in die Straße

Idylle im Kochertal

In den Schwarzäckern. Nun folgen wir dem Kocher-Jagst-Radweg, der auch mit dem Zeichen Traube des Württembergischen Weinwanderwegs markiert ist.

Es geht immer entlang des Flusses. Wir durchfahren Ernsbach, danach zweigt der Radweg links vom Sträßchen ab und bringt uns nach Sindringen. Auch hier rollen wir geradeaus durch. Wo am westlichen Ortsrand die Straße nach links über den Fluss zieht, halten wir uns rechts in die Straße nach Jagsthausen. Gleich darauf nach der Stadtmühle zweigen wir aber links ab in den Kanalweg. Nun geht es wieder entlang des Kochers bis Ohrnberg.

Durch das Ohrntal ins sehenswerte Öhringen Nach den Sportplätzen biegen wir an der Durchgangsstraße links ab, überqueren den Kocher und folgen der Landstraße in Richtung »Öhringen«. Wir rollen nun mit vielen Windungen durch das idyllische Ohrntal, in dem das Flüsschen noch naturnah mäandern darf. In Unterohrn biegen wir links ab, gleich darauf noch einmal nach »Möhrig«. Wir rollen am Rand dieses Ortes entlang bis zu einem Kreisverkehr, hier halten wir uns rechts und unterqueren die Autobahn. Gleich danach biegen wir nach dem Maßholderbach links ab.

Am nächsten Quersträßchen orientieren wir uns rechts in die Meisterhausstraße. Es steigt kurz an, danach treffen wir auf die querende Hindenburgstraße. Wir halten uns rechts, unterqueren sie aber kurz darauf in der Römerbadunterführung nach links und biegen danach links ab. Nach wenigen Minuten haben wir den Hauptbahnhof Öhringen erreicht.

✔ Nicht versäumen

Wer Zeit hat, sollte sich den Abstecher hinauf zur Ruine Forchtenberg vornehmen. Diese ist ein ausgedehntes Bauwerk, von dem zwar außer mächtigen Mauern nicht viel übrig ist, das aber einen Aussichtsturm besitzt, der einen weiten Blick über die Umgebung ermöglicht.

✔ Hier geht's lang

Ausgangspunkt: Waldenburg, Bahnhof, GPS: 49.202929, 9.658258

Endpunkt: Öhringen, Hauptbahnhof, GPS: 49.202982, 9.502507

Tourencharakter: Wir fahren auf asphaltierten Sträßchen und Wegen. Wo man nicht fahren darf, schieben wir das Rad kurzfristig. Der ohnehin nicht große Höhenunterschied auf der Tour verteilt sich auf der relativ langen Strecke gut, sodass er kaum stört. Lediglich der Abstecher hinauf nach Waldenburg ist steil, muss aber nicht unternommen werden.

ÖPNV: Waldenburg und Öhringen haben Bahnanbindung (www.efa-bw.de).

Übernachtung: bei Oma Marie – Pennsion,
Am Würzburger Tor 2, 74670 Forchtenberg, www.oma-marie.de;
Hotel-Restaurant Schillerplatz, Schillerstr. 4, 74613 Öhringen,
www.schillerplatz-oehringen.de

Einkehr: Hotel-Restaurant Schillerplatz (s. o.)

Information: www.forchtenberg.de, www.oehringen.de

Die Tauber passiert das idyllisch gelegene Niklashausen

Liebliches Taubertal – Der Klassiker

Liebliches Taubertal – Der Klassiker

Von Rothenburg ob der Tauber nach Wertheim am Main

Seit über 30 Jahren gibt es den »Klassiker«, wie der erste von mittlerweile vielen Radwegen im nicht umsonst sogenannten Lieblichen Taubertal genannt wird. Er beginnt an der Quelle des Flusses im romantischen Rothenburg ob der Tauber und verläuft etwa parallel zum Fluss. Sein Ende liegt im ebenso schönen Wertheim am Main.

Man erlebt viel auf dieser Tour, die konditionsstarke Radler durchaus an einem Tag bewältigen könnten – das wäre aber jammerschade um die schöne Landschaft des Taubertals und die vielen Sehenswürdigkeiten unterwegs.

Schlösser und Burgen – etwa Schloss Weikersheim –, romantische Städte mit Spitzwegidyllen wie Bad Mergentheim, Kirchen und Klöster mit ihrer Kunst, darunter Kloster Bronnbach … Dazu gibt es entlang des Weges einige Radwegkirchen, sodass man auch Besinnung finden kann. Es ist also alles da, was man für eine interessante und erfüllte Reise braucht.

Der Radfernweg ist einer der ältesten seiner Art in Deutschland und wurde als ADFC-Qualitätsradroute ausgezeichnet. Seit vielen Jahren schmückt er sich mit fünf Sternen, der höchsten erreichbaren Klassifizierung des ADFC.

Blick über Wertheim auf die riesige Burganlage

Teilt man den Klassiker in drei Etappen auf, fährt man am ersten Tag von Rothenburg ob der Tauber – noch in Bayern gelegen – nach Weikersheim. Die ersten beiden Städte besitzen ein wunderschönes Stadtbild. In Weikersheim hat die Stadt zwar auch viel zu bieten, die größte Sensation sind aber das berühmte Schloss und der Schlossgarten mit seiner herrlichen Orangerie und dem Zwergerlgarten. Weitere sehenswerte Orte sind Detwang mit einem Riemenschneideraltar in der Kirche, Tauberzell, Creglingen mit der nahe gelegenen Herrgottskirche, die Sonnenuhrenstadt Röttingen, Tauberrettersheim mit einer von Balthasar Neumann entworfenen Brücke und Weikersheim mit Schloss, Schlossgarten und Museen.

Die zweite Etappe führt von Weikersheim über Bad Mergentheim nach Tauberbischofsheim, die Kreisstadt des Main-Tauber-Kreises. Unterwegs kommt man an der Burg Neuhaus bei Igersheim, der Deutschordensritter- und Kurstadt Bad Mergentheim mit Deutschordensmuseum und Residenzschloss sowie dem romantischen Lauda und Gerlachsheim mit seiner prächtigen Barockkirche vorbei. Das Ende dieser Strecke ist Tauberbischofsheim, das ein Schloss mit bemerkenswertem Museum besitzt.

Die Schlussetappe führt nach Wertheim, wo die Tauber in den Main mündet. Die Strecke führt über Niklashausen, in dem ein früher Sozialrevolutionär wirkte. Man passiert die mächtige Gamburg, das prächtige Kloster Bronnbach, Reicholzheim mit einer Ansammlung von steinernen Kreuzen, das sogenannte Steinkreuznest, und erreicht schließlich Wertheim. Auch hier kann man lange im alten Zentrum verweilen, sich die vielen Fachwerkhäuser um den Marktplatz ansehen und vor allem die riesige Burg besichtigen. Mit dem Grafschaftsmuseum und dem Glasmuseum ist für weitere lehrreiche Unterhaltung gesorgt.

Leicht | 100 km | 530 Hm | 1–3 Tage

Hier geht's lang

Ausgangspunkt: Rothenburg ob der Tauber, Bahnhof, GPS: 49.377010, 10.190667

Endpunkt: Wertheim am Main, Bahnhof, GPS: 49.761872, 9.512565

Tourencharakter: Einfacher Mehrtagesradweg auf festen Wegen, wobei sich die Höhenmeter in Grenzen halten. Teilt man die Strecke in drei Tage auf, hat man genügend Zeit, sich die zahlreichen Sehenswürdigkeiten in Ruhe anzusehen.

Information: www.liebliches-taubertal.de

Besigheim liegt direkt an der Enz. (Tour 7)

Stuttgart mit Schönbuch, Gäu und Unterland

7

Mittel | 33,4 km | 180 Hm | 2.30 Std.

Zwischen Enz und Stromberg

Durch Weinberge und alte Orte

Diese Radtour steht ganz im Zeichen des Weines – könnte man meinen. Wir radeln über lange Strecken an Weinbergen vorbei, kommen aber auch durch wogende Kornfelder und besuchen sehenswerte alte Orte. Start ist das Fachwerkparadies Besigheim, durch das man am Ende der Radtour bummeln kann.

✔ Darum einzigartig

Die Verbindung von alten Fachwerkorten, Weinbergen und idyllischen Flüssen findet man zwar immer wieder, aber in dieser Tour folgen sie perfekt aufeinander.

Zum Start einen Anstieg Wir fahren von den Parkplätzen im Enzweg in der Steinbachstraße hinauf zum Bahnhof, wo die Radler starten, die mit der Bahn anreisen. Dort biegen wir links ab in die Weinstraße, die uns zur Löchgauer Straße bringt.

Wir halten uns kurz rechts, dann biegen wir nach der Brücke über die Bahnlinie rechts ab in die Freudentaler Straße (Wanderzeichen roter Strich, Richtung »Löchgau«). Gleich darauf geht es die Löchgauer Steige steil hinauf – schieben ist hier keine Schande! Oben angelangt, radeln wir gemütlich in den Ort Löchgau hinein und behalten mit dem roten Strich immer unsere Richtung bei, bis wir auf eine vorfahrtsberechtigte Straße treffen. Sie zieht gleich darauf nach rechts.

Am Ortsende zweigen wir nach rechts ab und nehmen den zweiten nach links abgehenden Weg in Richtung »Baumbachhof«. Es fällt etwas, dann steigt es kurz nach dem Hof wieder an zum Wasserbehälter; hier haben wir nach links einen prächtigen Blick zum Stromberg. Etwa 200 Meter danach biegen wir rechts ab nach Hofen. Wir halten uns an der Durchgangsstraße links und zweigen gleich nach rechts in die Neubergstraße ab. Sie führt uns durch ein Wohngebiet, danach treffen wir wieder auf die Landstraße.

Erste Fachwerkpracht Auf dem Radweg neben ihr radeln wir bis Bönnigheim. Wir fahren geradeaus durch bis zur querenden Erligheimer Straße, hier halten wir uns rechts. An der Rechtskurve der Umgehungsstraße rollen wir geradeaus weiter, hinein ins Bönnigheimer Zentrum. Nach dem Ganerbenbrunnen fahren wir weiter nach Norden zum Oberen Torturm und auf der anderen Seite wieder hinaus aus der Altstadt. Wir radeln geradeaus weiter nach Meimsheim und folgen hier der Durchgangsstraße nach rechts in Richtung »Lauffen«. Nach dem alten Brunnen mit der reich verzierten Säule auf der rechten Seite biegen wir nach links in die Lindenstraße ein. Vor der Kirche zweigen wir rechts ab in Richtung »Hausen«. Am Ortsende nach den Sportplätzen halten wir uns rechts in den Alten Lauffener Weg.

Entlang von Weinbergen zu radeln ist immer schön und interessant.

Vorbei an Weinbergen nach Lauffen Wir verlassen den Ort und lassen es abwärts rollen bis zur Landstraße. Hier fahren wir auf dem Radweg auf der rechten Seite weiter in Richtung »Lauffen«. Nachdem wir die Zaber überquert haben – das kleine Bächlein gab dem Zabergäu seinen Namen! –, zweigt die Straße zur »Stadtmitte« nach rechts ab. Wir folgen ihr aber nicht, sondern fahren auf der anderen Straßenseite auf dem Feldweg wieder kurzzeitig in die Richtung, aus der wir gekommen sind. Dann überqueren wir wieder die Zaber und biegen direkt am Fuß der Weinberge nach rechts ab.

Nun rollen wir entlang der Rebenhänge nach Lauffen. Wir kommen in ein Wohngebiet, hier zieht die Straße nach rechts zu einer Kreuzung. Vorher können wir aber noch nach links einen Abstecher zum Klosterhof machen. Außer einer Gedenkstätte für den hier geborenen Friedrich Hölderlin befindet sich dort das Museum der Stadt Lauffen.

Anschließend fahren wir über die Zaber zum Kreisverkehr und dort nach links in Richtung des Zentrums von Lauffen. Wir unterqueren die Bahnlinie und radeln unterhalb der Regiswindiskirche am Neckar entlang bis zur Brücke. Hier orientieren wir uns rechts, dann gleich wieder links in die Neckarstraße in Richtung »Kirchheim«. Nach dem Ort kommen wir zum Freibad. Vor ihm biegen wir nach links, dann vor dem Neckar nach rechts ab.

Nächste Fachwerkstation: Kirchheim Nun radeln wir am Neckar entlang und den Radwegschildern folgend bis Kirchheim. Kurz vor dem Ort liegt rechts das Naturdenkmal Tufffelsen. An der Verzweigung danach halten wir uns links und kommen zu den Sportplätzen. Nach ihnen unterqueren wir nach rechts die Bahnlinie in der Starengasse, fahren durch das Neckartor – das einzige noch erhaltene Stadttor –, und rollen links an dem Haus mit dem blauen Fachwerk und der Kirche vorbei. Am Platz danach biegen wir nach links ab in die Hauptstraße.

Am Ortsende kommen wir zu einem Parkplatz, hier folgen wir der Beschilderung nach »Gemmrigheim«. Wir fahren rechts der Gleise, dann rechts am Bahnhof vorbei und kommen zur Neckarbrücke. Dort überqueren wir den Fluss und biegen nach ihm und den Sportplätzen nach rechts ab. Nun rollen wir durch Gemmrigheim. Am Ortsende nehmen wir den links der Straße verlaufenden Radweg und radeln gemütlich zurück nach Besigheim.

Ausklang im Besigheimer Fachwerkparadies Dort treffen wir auf die Hessigheimer Straße, der wir nach rechts über den Neckar folgen. Rechts davon fließt übrigens die Enz in den Neckar. Danach müssen wir leider kurz der B27/Hauptstraße – entweder auf ihr oder auf dem daneben verlaufenden Weg – nach links folgen, verlassen sie aber gleich an der Linkskurve wieder und fahren auf der anderen Straßenseite weiter, abermals auf der Hauptstraße, nun aber etwas ruhiger. Die Hauptstraße führt uns um das historische Zentrum um die Entengasse und die Kirchstraße herum – hier lohnt sich ein Abstecher – und bringt uns hinab zur Enzbrücke. Nach ihr geht es nach rechts zu den Parkplätzen im Enzweg beziehungsweise von diesem aus nach links in der Steinbachstraße hinauf zum Bahnhof.

✔ Nicht versäumen

In Besigheim, Ausgangspunkt und Ziel der Radtour, sollte man den Tag ausklingen lassen. Dort kann man nicht nur schön einkehren und sich vielleicht sogar in einer der Gaststätten im Zentrum gemütlich im Außenbereich erholen, sondern es gibt hier auch viel Fachwerkpracht zu besichtigen. Am schönsten sind die Bereiche in der Fußgängerzone um Entengasse, Kirchstraße und das Rathaus mit dem herrlichen Brunnen.

✔ Hier geht's lang

Ausgangs- und Endpunkt: Besigheim, Enzweg, GPS: 48.999211, 9.139112

Tourencharakter: Wir fahren auf Feldwegen und Landsträßchen, dabei verlaufen oft Radwege daneben. Nach Lauffen kann man sich im Freibad abkühlen. Was die Höhenmeter anbelangt, sind wir bei dieser Tour nicht besonders gefordert, denn sie halten sich in Grenzen.

ÖPNV: Besigheim ist per Bahn gut erreichbar (www.efa-bw.de).

Auto: Besigheim liegt an der B27 zwischen Bietigheim-Bissingen und Heilbronn. Es ist auch gut von der A81, Ausfahrt Mundelsheim, zu erreichen. Die Beschreibung der Tour beginnt auf der Westseite der Stadt unterhalb des Bahnhofs im Enzweg. Wer von der Autobahn kommt, findet auch vor der Stadt Parkplätze. Im Zentrum gibt's einen Parkplatz mit Tiefgarage bei der Stadthalle Alte Kelter, Hauptstr. 57.

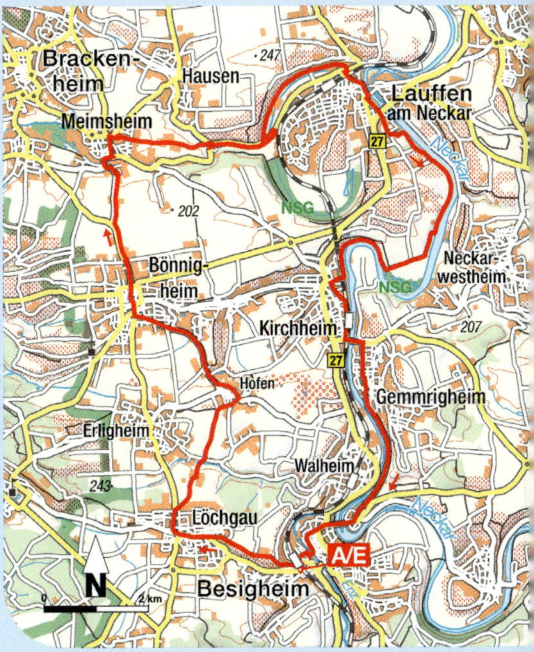

Übernachtung:
Gästehaus zum Anker, Kirchstr. 30, 74354 Besigheim, www.cafe-anker.de

Einkehr:
Marktwirtschaft, Marktplatz 2, 74354 Besigheim, www.marktwirtschaft-besigheim.de

Information:
www.besigheim.de

8

● Schwer | 43 km | 570 Hm | 3.45 Std.

Von Weissach ins Enztal

Durch das fruchtbare Korngäu zu den Weinbergen

Diese Radtour beschert uns ganz unterschiedliche Landschaftseindrücke. Wir radeln durch das Korngäu, das im Frühling durch gelbe Rapsfelder und blühende Streuobstwiesen bezaubert, hinab in die Auen des Enztales, wo uns an den Hängen Weinberge und eine reiche Vegetation erwarten und die Kopfweiden bizarre Anblicke bieten.

✔ *Darum einzigartig*

Wir erleben auf dieser Tour völlig unterschiedliche Landschaften: zuerst die fruchtbaren Felder im Korngäu, später Weinberge, insbesondere die Steillagen entlang der Enz, die sich zwischen Mühlhausen und Roßwag wie eine Schlinge, ja fast amphitheaterhaft, an den sich mäandernden Fluss schmiegen.

Aus dem Ort in die Felder Wir folgen in Weissach dem nach »Mönsheim« führenden Sträßchen L1117. Wer will, kann auch den rechts der Landstraße verlaufenden Weg nehmen, der noch in Weissach als Vogelsangweg beginnt, uns am Forchenhof vorbeiführt und später dann wieder in die Straße mündet. Es steigt gemächlich an und wir fahren auf der Höhe an der Firma Porsche vorbei. Den kurz danach nach rechts führenden Abzweig zum Mitarbeiterparkplatz ignorieren wir, halten uns aber gleich darauf auf dem Feldweg rechts. Am Waldrand biegen wir links ab, am darauffolgenden Querweg noch einmal. Er bringt uns wieder zur Landstraße, der wir nach rechts hinab nach Mönsheim folgen. Wir zweigen nach Rathaus und Kirche links in Richtung »Mühlacker« ab und radeln bis zum Ortsende, wo wir nach links in die Wimsheimer Straße in Richtung »Wimsheim« abbiegen.

Nach dem Ort liegt rechts das Freibad, nach diesem biegen wir rechts ab und radeln im Wald an den Seen vorbei. Nach dem letzten zieht der Weg nach links und bringt uns aus dem Wald in die Felder. Am ersten Abzweig nach rechts biegen wir mit dem Radwegschild ab und kommen zur Landstraße. Wir überqueren sie und nehmen den mit dem Radwegschild gekennzeichneten Radweg,

Durch das Enztal radelt es sich gemütlich und eben.

der uns durch den Wald zu den Wiernsheimer Sportplätzen bringt. Hier biegen wir an der Querstraße vor den Wohnhäusern links ab und können es hinab zu einer modernen Kirche rollen lassen. Wir orientieren uns links und kommen zu der alten Kirche und einigen Fachwerkhäusern.

Waldenserdorf und Verteidigungsanlage An der Querstraße danach (Marktplatz) biegen wir rechts ab und gelangen zu einer vorfahrtsberechtigten Straße. Hinter ihr verlassen wir auf dem Biegelweg den Ort und biegen mit den Wanderzeichen kurz danach links ab. Der Weg führt nun über Felder zu Elektroleitungen. Es fällt kurz ab in ein kleines Tälchen, danach steigt es wieder an. Auf der Höhe biegen wir links ab nach Pinache. Dort fahren wir in der Hauptstraße geradeaus bis zur Kirche. Nach dieser quert die Öschelbronner Straße (links) beziehungsweise die Großglattbacher Straße (rechts). Wir halten uns kurz links, dann rechts in den Dürrmenzer Weg.

Nun kommen wir in den Wald, wo wir eine Zeitlang parallel zum ehemaligen Württembergischen Landgraben fahren. Nach dem Wald zieht der Weg nach rechts zur Straße, wir rollen aber geradeaus weiter bergab und treffen dann auf eine Straße, der wir noch etwas bergab folgen. Gleich nach dem Ortschild von Mühlacker biegen wir nach rechts in den Bodenrainweg ab – wobei ein kurzer Abstecher nach Dürrmenz uns einen sehenswerten Ort und den Blick auf die Ruine Löffelstelz bietet. Nun radeln wir eine ganze Weile im idyllischen Enztal und achten dabei immer gut auf die Radwegschilder.

Durchs idyllische Enztal Kurz vor den ersten Häusern von Lomersheim werden wir nach links verwiesen, dann geht es an Lomersheim vorbei. Nach dem

Fast wie in einem Amphitheater steigen die Felswände entlang der Enzschlinge steil an.

Ort fahren wir durch die Wiesen. Schließlich müssen wir die idyllisch sich schlängelnde Enz nach links überqueren und radeln danach weiter nach Mühlhausen.

Bei den ersten Häusern biegen wir rechts in die Theodor-Heuss-Straße ab, danach links in die Oberdorfstraße. Wir fahren an der Kirche und dem Fachwerkrathaus vorbei, danach entlang der steilen Weinbergterrassen. Schließlich durchfahren wir die Enzauen, wo wir zahlreiche bizarr gewachsene (bzw. beschnittene) Kopfweiden sehen. In Roßwag biegen wir rechts ab in Richtung »Aurich«.

Zurück zum Ausgangspunkt Es geht erst hinauf, dann wieder hinunter nach Aurich. Danach steigt es in der Sonnenbergstraße an. An der querenden Nussdorfer Straße biegen wir rechts ab. Nach den Sportplätzen können wir rechts der Straße auf einem Radweg bis kurz vor Nussdorf fahren. Im Ort halten wir uns erst rechts, dann biegen wir nach links ab in Richtung »Eberdingen«. Am Ortsende steht links das Schloss.

Es geht kurz bergab, dann zieht die Straße nach links, wir fahren aber mit dem Radwegschild und dem Zeichen blauer Strich geradeaus weiter. Nun geht es auf und ab, im Wald teilweise so steil, dass man wohl schieben muss. Danach erwartet uns eine rasante Abfahrt nach Weissach.

✔ Nicht versäumen

Etwas Besonderes ist auf dieser Tour der Württembergische Landgraben. Bei ihm handelt es sich um einen Schutzwall an der badisch-württembergischen Landesgrenze. Ende des 17. Jahrhunderts, zur Zeit Ludwigs XIV., wurde er zur Abwehr von Franzoseneinfällen vom badischen Markgrafen, dem »Türkenlouis«, der Reichsfeldherr des Kaisers war, ausgebaut.

✔ Hier geht's lang

Ausgangs- und Endpunkt: Weissach. Dort gibt es in der Porschestraße und im Zentrum verschiedene Parkmöglichkeiten. Wer die Tour mit einer Erfrischung ausklingen lassen möchte, startet am Freibad in Mönsheim, Wimsheimer Str. 24, GPS: 48.860051, 8.852187.

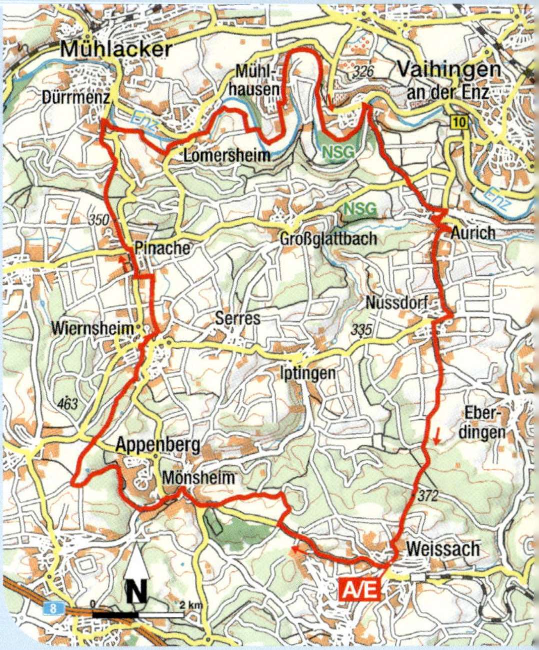

Tourencharakter: Wir fahren auf Forst- und Feldwegen, kurze Stücke auch auf Landsträßchen. Durch das ständige Auf und Ab ist die Tour recht anstrengend.

ÖPNV: Bahn nach Mühlacker, dann vom Bahnhof aus mit dem Rad zur Enz, auf ihre andere Seite und weiter nach Lomersheim (www.efa-bw.de)

Auto: Weissach liegt nördlich der A8 zwischen Stuttgart und Karlsruhe und ist gut über die Ausfahrt Rutesheim zu erreichen.

Übernachtung: Hotel Weissach, Im Neuenbühl 21, 71287 Weissach, www.hotelweissach.de

Einkehr: Veganes Restaurant Sehnsuchtsküche, Wasserhalde 1, 75417 Mühlacker, www.sehnsuchtskueche.de. Mal was anderes auf einer Tour: holzgetäfeltes Lokal mit rein pflanzlichen schwäbischen Gerichten und veganem Eis.

Information: www.weissach.de

9 Leicht | 18 km | 130 Hm | 2 Std.

Durch den Stuttgarter Wildpark ins Strohgäu

Seen, Schlösser und Wald

Der inmitten eines Waldgebiets mit uralten Bäumen liegende Rotwildpark samt Bärenschlössle und Seenlandschaft sowie das Schloss Solitude zählen zu den beliebtesten Ausflugszielen in Stuttgart. Durch dieses Gebiet radeln wir, danach geht es in langer Bergabfahrt hinab nach Korntal, wo wir wieder in die S-Bahn steigen.

✔ Darum einzigartig

Stuttgart ist unter anderem geprägt von seinen ausgeprägten Waldgebieten – eine Seltenheit direkt in und rund um eine Großstadt. Im vielleicht schönsten Waldgebiet liegen der Rotwild- und der Schwarzwildpark, und in ihnen die Parkseen sowie die beiden Schlösser Bärenschlössle und Solitude. Im gesamten Gebiet sieht man zahlreiche uralte und mächtige Bäume.

Durchs Wiesental An der S-Bahn-Haltestelle Universität halten wir uns erst nach Süden zur Universitätsstraße, biegen dort rechts und kurz darauf noch einmal rechts ab in die Straße Pfaffenwaldring. In dieser zweigen wir kurz darauf bei den Teichen links ab, radeln zwischen beiden hindurch und kommen hinab ins Büsnauer Wiesental.

Die Rückhaltebecken umfahren wir links und rollen danach nach rechts in den Wald. Dort biegen wir links ab in den Bandtälesweg, der am Waldrand entlangführt. Vorbei an der Kläranlage radeln wir zu einem Parkplatz. Wir könnten zwar nach ihm die Mahdentalstraße am Kreisverkehr überqueren und danach im Bärensträßle nach rechts in den Wald hinauffahren, aber sicherer ist es, wir biegen am Parkplatz rechts ab in den Roten Weg, überqueren die Straße auf einer Brücke und kommen so ebenfalls zu dem Waldweg. Nach rechts bringt er uns hinauf zum Neuen See. Vor ihm biegen wir rechts ab in den Diebsteigweg.

Übers Schlössle zum Schloss An seinem Ende fahren wir nach links über den Damm, der den Neuen vom Pfaffensee trennt. Dahinter rollen wir auf dem

Radfahrer am Schloss Solitude

schräg nach links in den Wald führenden Calwer Sträßle bis zu einer Kreuzung und biegen dort links ab in die Schlösslesallee. Kurz darauf sind wir am Bärenschlössle. Hier kann man rasten und einkehren. Hinter dem Gebäude hat man einen prächtigen Blick hinab zum Bärensee und zur dahinter liegenden Wildwiese. Hat man Kinder dabei, kann man ihnen etwas zeigen, was sie sicher interessieren wird: Man geht dazu rechts vom Schlössle etwas am Waldrand entlang, dann führt dort ein steiler Pfad hinab zu einem Steinhaus, das etwas an süditalienische Trulli erinnert und noch aus der Zeit der fürstlichen Nutzung des Waldgebietes stammt.

Vor dem nach mehrmaliger Zerstörung jedes Mal wiederaufgebauten Schlössle orientieren wir uns rechts ins Bärensträßle und rollen bis zur Wildmeisterei, wo wir links in die Sibyllengraballee abbiegen. Sie führt uns hinab zu idyllischen Weihern, dahinter empor bis zu einer Kreuzung bei einer Hütte. Hier zweigen wir rechts ab in die Bruderhausallee. An der Kreuzung Großer Stern biegen wir an der Hütte rechts ab in den mit dem roten Kreuz markierten Weg, der uns zum Schloss Solitude bringt.

Wir fahren nach rechts zur Straße und links am Parkplatz vorbei. Nach der Schranke liegt links der Solitudefriedhof, auf dem außer einigen Soldaten auch berühmte Persönlichkeiten begraben sind. Rechts führt ein Forstweg in den Wald. Ihm folgen wir hinab zum Wegstein im Lindental.

Im Rotwildpark führt der Weg an zahlreichen mächtigen Bäumen vorbei.

Bergab im Wald Links von diesem Wegstein fahren wir mit den Wanderzeichen roter Strich/rotes Kreuz durch das Obere Lindental bergab. Der markierte Wanderweg zweigt bald rechts ab, nun rollen wir ohne Zeichen weiter. Danach quert der mit dem blauen Kreuz markierte Weg, ab jetzt sehen wir das Zeichen blauer Punkt. Wir kommen am Hasenbrünnele vorbei und verlassen bald den Wald. Nun radeln wir durch ein schönes Wiesental bis zu einem Querweg vor einem eingezäunten Grundstück. Hier geht es etwas nach rechts versetzt weiter, entlang von Gärten, später an den Wohnhäusern von Wolfbusch vorbei bis zu einer Straße nach dem Tennisplatz.

Wir orientieren uns rechts, dann gleich danach an der Ampelanlage links. Anschließend fahren wir in der Goslarer Straße nach links. Nach Haus Nr. 113 zweigen wir rechts ab, nun steigt es mit dem roten Strich wieder etwas an. An der nächsten Kreuzung biegen wir mit dem blauen Strich links ab. Es geht noch kurz durch den Wald, dann durch das Wohngebiet nach Korntal.

Hinter einer rechts liegenden Kirche biegen wir rechts ab in die Solitudeallee und überqueren die Eisenbahngleise. Gleich danach zweigen wir links ab auf den schmalen Weg. Bei den nachsten Häusern geht es mit einem Rechts-links-Knick im Bahnhofweg weiter zum Bahnhof von Korntal.

✔ Nicht versäumen

Eine Rast mit Einkehr am Bärenschlössle, einem der Hauptausflugsziele im Nahbereich Stuttgarts. Hier ist meist viel los und am Wochenende wird vielleicht sogar gegrillt. Von Kuchen bis zu warmer Küche wird hier viel geboten. Das zwar kleine, aber außen und innen prächtig gestaltete Schloss Solitude kann auch besichtigt werden. Es gibt sogar Kinderführungen (www.schloss-solitude.de).

✔ Hier geht's lang

Ausgangspunkt: Stuttgart-Vaihingen, S-Bahnhaltestelle Universität, GPS: 48.745678, 9.105507

Endpunkt: Korntal, Bahnhof, GPS: 48.826646, 9.121187

Tourencharakter: Wir fahren auf festen Feld- und Waldwegen sowie Sträßchen. Die Tour ist insbesondere für Familien mit Kindern geeignet, ist sie doch recht kurz und führt auch überwiegend bergab. Dazu gibt es Seen und am Bärenschlössle eine beliebte Einkehrmöglichkeit.

ÖPNV: An- und Abfahrt erfolgen mit der S-Bahn (www.efa-bw.de)

Auto: Die Anreise mit dem Auto ist in Anbetracht der Parksituation im Bereich der Universität nicht zu empfehlen.

Übernachtung: In einer Großstadt wie Stuttgart gibt es eine derartige Fülle von Übernachtungsmöglichkeiten jeglicher Art, dass an dieser Stelle auf eine Empfehlung verzichtet wird. Weitere Informationen findet man unter www.stuttgart.de/tourismus.

Einkehr: Bärenschlössle, oberhalb des Bärensees im Rotwildpark, www.baerenschloessle-stuttgart.de

Information: www.stuttgart.de

10 Mittel | 30 km | 330 Hm | 2.30 Std.

Von Böblingen nach Herrenberg

Durch den Schönbuch zum Aussichtsturm

Diese Streckentour führt uns zuerst an den Böblinger Seen entlang. Danach rollen wir durch den Wald zum Maurener Kirchlein. Durch den Schönbuch geht es zum architektonisch interessanten Schönbuchturm. Abschließend können wir das Fachwerkparadies Herrenberg besichtigen.

✓ Darum einzigartig

Die Verbindung des Naturparks Schönbuch mit seinen naturnahen Wäldern und der Aussicht vom markanten Schönbuchturm ist schon eine Besonderheit für sich. Dass aber danach noch ein Besuch einer herrlichen Fachwerkstadt möglich ist, macht diese Tour zu einem außergewöhnlichen Erlebnis.

Die Kirche in Mauren war einst ein beliebtes Wallfahrtsziel.

Seenlandschaft in der Stadt Wenn wir die S-Bahn-Station in Richtung Innenstadt verlassen, fahren wir in der Bahnhofstraße bis zur querenden Herrenbergerstraße/Wolfgang-Brumme-Allee. Auf der anderen Straßenseite rollen wir links an den beiden Seen entlang, danach geht es durch eine Parkanlage und an schönen Spielplätzen vorbei bis zur querenden Schönbuchstraße. Wir halten uns rechts, danach biegen wir an der Rechtskurve links in die Tiergartenstraße (Radwegschild nach Holzgerlingen) ab. Gleich darauf müssen wir sie nach rechts verlassen.

Über die ehemalige Wallfahrtskirche nach Altdorf Es geht erst etwas abwärts, dann hinauf zum Vereinsheim der Vogelfreunde. Wir fahren an ihm und am Vogelschutzgebiet – man beachte die Lehrtafeln – vorbei und über eine Wiese zum Waldrand. Hier biegen wir nach rechts in die Baumgartenwandstraße ein. Ihr folgen wir zur Tübinger Straße, die wir überqueren. Etwas nach rechts versetzt führt unser Weg auf der anderen Seite weiter. Wer will, kann aber hier noch einen kurzen Abstecher machen, denn in der Nähe liegt der vom Landkreis Böblingen errechnete Mittelpunkt Baden-Württembergs. Hierzu folgt man (zu Fuß) der Beschilderung.

Beim Herrenberger Waldfriedhof liegt auch ein Wildpark.

Ansonsten radeln wir auf der anderen Seite der Straße weiter am Waldrand entlang, dann kommen wir in den Wald. Wo der Weg etwas nach rechts zieht, biegen wir mit dem Radwegschild und dem Zeichen roter Punkt links ab in Richtung »Mauren«. Nach einem Rechtsknick treffen wir auf eine querende Straße, nun auch mit dem Zeichen gelbblaue Raute des Schwarzwaldvereins. Wir biegen nach links ab und verlassen kurz darauf den Wald.

Nun sehen wir auch schon die Kirche von Mauren vor uns. Es geht noch etwas geradeaus, dann folgen wir dem Weg zu ihr nach rechts und treffen danach auf die Straße, in die wir nach links einbiegen. Gleich nach der Rechtskurve knickt sie nach links ab, wir aber fahren geradeaus weiter. Bald steigt es an, auf der Höhe radeln wir geradeaus nach Altdorf. Im Ort biegen wir an der Durchgangsstraße (Hildrizhausener Straße) rechts ab, gleich danach links in die Obere Straße (Zeichen blauer Strich). Vor der Kirche halten wir uns rechts, überqueren den Bach und orientieren uns danach in der Laienstraße links.

Durch den Schönbuch zum Aussichtsturm Nun verlassen wir den Ort und fahren durch die Wiesen und vorbei am Sportplatz in den Wald, wo es steil ansteigt. Am Querweg, wo es nicht mehr weitergeht, biegen wir nach rechts ab bis zur Verzweigung an der Gabeleiche, wo das Zeichen die Wanderer auf einen Pfad nach links verweist. Wir lassen es aber auf dem breiten Waldweg hinab rollen, überqueren einen Weg und kommen zu einem anderen Querweg (rechts Waldabteilungsschild »I 11 Hint. Steinbruch«). Hier biegen wir nach links ab. Es geht weiter hinab, und nachdem es ebener geworden ist, folgt eine Verzweigung. Dort halten wir uns links und gelangen zur Lindachspitzhütte, die wir rechts liegen lassen. Etwas später sind wir am Rast- und Grillplatz Neue Brücke, an dem wir rechts vorbeifahren.

Nun rollen wir durchs Kayher Tal bis zu einer Verzweigung, an der wir uns rechts in Richtung »Herrenberg« halten müssen (Urschelrainstraße, Zeichen blauer Punkt). Es geht im Sommertal nun stetig aufwärts, vorbei an der Fresseiche, bis der Blaupunktweg nach rechts abgeht. Wir folgen dem Zeichen, erst am Wildgehege links, dann am Herrenberger Waldfriedhof rechts vorbei bis zur Landstraße. Auf der anderen Straßenseite liegt das Naturfreundehaus. Nun empfiehlt sich nach rechts ein kurzer Abstecher zum Schönbuchturm, der Weg ist gut beschildert. Bei klaren Sichtverhältnissen bietet sich uns ein prächtiger Blick über die Schönbuchhöhen, nach Herrenberg, ins Gäu und zum Schwarzwald.

Hinab ins Fachwerkparadies Zurückgekehrt, fahren wir rechts der Straße und links des Naturfreundehauses weiter. Wir rollen nun, vorbei an der Jahnhütte mit großem Spiel- und Rastplatz, bergab bis zur Eiche am roten Meer. Danach können wir nach links einen Abstecher zum Schlossberg machen, wo uns eine Ruine, ein prächtiger Blick auf Herrenberg und eine Einkehrmöglichkeit erwarten. Ansonsten folgen wir den Straßen Kuhsteige und Am Joachimsberg bergab bis zur Fußgängerzone.

Wer mit dem Rad weiterfahren möchte, hält sich hier rechts, dann gleich wieder links auf die Seestraße. Dies wäre allerdings schade. Also steigen wir ab und schieben unser Rad durch die Fußgängerzone bis zum Marktplatz, wo Straßencafés und ein herrlicher Blick auf die alten Fachwerkhäuser, Rathaus und Stiftskirche zur Abschlussrast einladen. Am Ende des Marktplatzes biegen wir rechts in die Bronngasse ein. Sie bringt uns zur Unterführung, hier wird schon auf die S-Bahn verwiesen. Auf der anderen Straßenseite sind es nur noch wenige Meter bis zum Bahnhof.

✔ Nicht versäumen

Am Ende der Radtour empfiehlt es sich, noch etwas in Herrenberg zu verweilen. Der von prächtigen Fachwerkhäusern umstandene und mit einem schönen Brunnen geschmückte Marktplatz ist einer der schönsten im Land, und die berühmte Stiftskirche samt Glockenmuseum empfiehlt sich ebenfalls für einen Besuch, wenn man noch Zeit hat.

Die Gabeleiche ist einer der mächtigsten Bäume im Land.

✔ Hier geht's lang

Ausgangspunkt: Böblingen, Bahnhof, GPS: 48.687940, 9.003014

Endpunkt: Herrenberg, Bahnhof, GPS: 48.593982, 8.863792

Tourencharakter: Die munter auf und ab verlaufende Tour findet auf Feld- und Forstwegen statt, in den Orten auf Straßen. Zeitweise muss in den Fußgängerzonen geschoben werden. Da es immer wieder auf und ab geht, summieren sich die Höhenmeter zu einer größeren Zahl.

ÖPNV: An- und Abfahrt nach Böblingen bzw. von Herrenberg erfolgen mit der Bahn (www.efa-bw.de).

Auto: Wer mit dem Auto nach Böblingen und vom Zielort Herrenberg aus dann mit der S-Bahn zurückfahren will, findet am Bahnhof Parkplätze und ein Parkhaus.

Übernachtung: Hotel Gasthof Hasen, Hasenplatz 6, 71083 Herrenberg, www.hasen.de

Einkehr: Naturfreundehaus, am Herrenberger Waldfriedhof, www.nfh-herrenberg.de; Gasthaus Lamm, Schulstr. 3, 71083 Herrenberg, www.gasthaus-lamm.de

Information: www.boeblingen.de, www.herrenberg.de, www.naturpark-schoenbuch.de

11 Leicht · 25 km · 200 Hm · 2 Std.

Durch das Aich- und das Schaichtal

Zwei-Täler-Tour im Schönbuch

Mit dem Aich- und dem Schaichtal lernen wir zwei der schönsten Täler des Schönbuchs kennen. Dadurch, dass uns die Route vorwiegend durch die Täler führt, bringt die Tour nur einen mäßigen Höhenunterschied mit sich, denn wir müssen nur anfangs über die Höhe des Betzenbergs fahren.

✔ *Darum einzigartig*

Der Schönbuch ist von Tälern durchfurcht. Zu den schönsten gehören das Aichtal und vor allem das völlig autofreie Schaichtal von Dettenhausen bis Neuenhaus, das wir bei dieser Tour durchqueren.

Übers Schaichtal nach Waldenbuch

Von der Endstation der Schönbuchbahn in Dettenhausen aus rollen wir in der Bahnhofstraße nach Osten bis zur querenden Durchgangsstraße (Tübinger Straße), halten uns dort links und biegen nach dem Freibad rechts ab in den Mühlweg. An dessen Ende liegt ein Wanderparkplatz, der bereits an der Durchgangsstraße angezeigt ist. Hier startet man, wenn man mit dem Auto anfährt.

Ansonsten radeln wir ab dem Wanderparkplatz durch das Schaichtal. Wir kommen an der Kläranlage vorbei, dann nach den Kleingärten zu einer großen Lichtung, wo rechts eine Hütte mit Grillmöglichkeit steht. Hier biegen wir links ab in Richtung »Waldenbuch«. Nun fahren wir hinauf auf den Betzenberg. Am Parkplatz Braunacker orientieren wir uns rechts. Kurz vor dem Wasserbehälter biegen wir links ab in die idyllischen Streuobstwiesen.

Der Weg knickt gleich links, dann vor einer Hütte rechts ab. Danach fahren wir im Wald bergab, nach ihm parallel zur Landstraße zum Anfang von Waldenbuch. Dort geht es in der Walddorfer Straße hinab zum querenden Neuen Weg. Wir biegen rechts ab, der sehenswerte Ortskern mit dem Schloss liegt aber links oberhalb der Straße. Wer will, macht einen Abstecher dorthin.

Durch das Aichtal nach Neuenhaus Wir folgen erst dem Neuen Weg, der rechts an dem Hügel mit dem Zentrum entlangführt. Danach fahren wir

Fachwerkpracht im Zentrum von Waldenbuch

immer geradeaus auf der Bahnhofstraße aus Waldenbuch hinaus, kommen an einem Gewerbegebiet vorbei und bleiben auf dieser Straße in Richtung Aichtal. Der Weg verläuft jetzt ein Stück auf der als Museumsradweg ausgewiesenen Strecke.

Rechts führt die Straße zum Ortsteil Glashütte. Auf der linken Seite befindet sich der Wanderparkplatz Glashütte mit einem Abenteuerspielplatz. Wir zweigen auf der Straße links ab auf den Wanderweg zur »Burkhardtsmühle«. Nun geht es ohne Autoverkehr weiter, die Aich begleitet uns dabei links durch eine Wiesenlandschaft. Bevor der Wander- und Radweg die Aich überquert, zweigen wir rechts ab in Richtung »Neuenhaus«. Man hat hier aber auch die Möglichkeit, geradeaus über die Brücke über die Aich und dann über die Straßenbrücke der L1185 zum Biergarten bei der Burkhardtsmühle zu fahren.

Der Radweg biegt, vom Biergarten kommend, nach der Brücke links ab auf den Aichtalweg in Richtung Neuenhaus. Wir fahren nun im Aichtal am Waldrand

Im Schaichtal findet man einige idyllische Seen; am schönsten sind sie zur Zeit der Seerosenblüte.

entlang bis zu einem Radwegschild, wo man mit der Beschilderung »Neuenhaus 0,9 km« nach links verwiesen wird – dass es auch geradeaus nach Neuenhaus ginge, ignorieren wir.

Autofrei zurück durchs Schaichtal Wir kommen zur Landstraße und fahren auf dem Radweg nach rechts weiter zum Ortsrand von Neuenhaus. Noch vor dem Ort zweigen wir rechts ab in die Bachstraße. Danach halten wir uns rechts in die querende Häfnerstraße und kommen zur Kirche. Wir rollen in der Mozartstraße in Richtung »Schaichtal«. Die Radwegschilder bringen uns zu einem Parkplatz, nach ihm radeln wir wieder autofrei durch das zweite Tal dieser Tour, das Schaichtal.

Hier brauchen wir nur noch den Radwegschildern zu folgen, die uns zurück nach Dettenhausen leiten, entweder zum Wanderparkplatz oder von dort aus auf bekanntem Weg zur Bahnstation.

✔ Nicht versäumen

In Waldenbuch finden wir gleich zwei sehenswerte Museen: Im Museum der Alltagskultur wird das Leben der sonst eher vernachlässigten »kleinen Leute« dargestellt und im Museum Ritter wird Kunst gezeigt, die ebenso wie die bekannten Schokoladetafeln quadratisch ist. Zudem kann man dort im SchokoShop einkaufen. Auf dem Weg vom einen zum anderen Museum führt der Weg durch die sehenswerte Altstadt.

✔ Hier geht's lang

Ausgangs- und Endpunkt: Dettenhausen, Mühlweg, vor der Kläranlage, GPS: 48.606417, 9.106016; für Bahnfahrer: Bahnhof, Bahnhofstr. 20

Tourencharakter: Wir fahren auf geschotterten und asphaltierten Wegen. Die Tour weist als Tälertour keine großen Höhenunterschiede auf, nur nach Dettenhausen müssen wir einmal auf den Betzenberg hinauffahren.

ÖPNV: Schönbuchbahn bis Dettenhausen (www.efa-bw.de)

Auto: Dettenhausen liegt an der L1208 zwischen Waldenbuch und Tübingen. Wer mit dem Auto anfährt, parkt am Wanderparkplatz in Dettenhausen beim Freibad. Von dort sind es 4 Kilometer, 40 Höhenmeter und eine halbe Stunde weniger zu radeln. Auch in Waldenbuch und Neuenhaus findet man Parkmöglichkeiten.

Übernachtung: Landgasthof und Hotel Rössle, Auf dem Graben 5, 71111 Waldenbuch, www.landgasthofroessle.de

Einkehr: Waldmeister Biergarten-Café, bei der Burkhardtsmühle; Landgasthof und Hotel Rössle (s. o.)

Information: www.dettenhausen.de, www.waldenbuch.de

Am Hegnacher Wehr zeigt sich die Rems von ihrer wilden Seite.

Remstal-Radweg

Remstal-Radweg

Von Weinstadt-Endersbach bis Aalen

Auf dem Remstal-Radweg erlebt man herrliche Landschaften mit Weinbergen und Streuobstwiesen sowie altehrwürdige württembergische Städte mit prächtigem Stadtbild samt Fachwerk, dazu traditionsreiche Gasthöfe und Wirtschäftle, urige Besenwirtschaften und Biergärten.

Der Weg kann in beide Richtungen befahren werden, die offizielle Version verläuft jedoch gegen die Fließrichtung des Flusses. Eine Besonderheit unterwegs sind die blau gemalten »Remswellen« – Bodenmarkierungen, die als verbindendes Element in den 16 Kommunen des Radwegs zu finden sind. Diese Kommunen haben sich für die Erweiterung und Aufwertung des schon immer beliebten Radwegs eingesetzt. Er wurde vom Allgemeinen Deutschen Fahrrad-Club (ADFC) als Qualitätsradweg mit 4 Sternen ausgezeichnet, außerdem erhielt er 2020 den Status eines Landesradfernweges. Im Zuge der Landesgartenschau 2019 wurden Parks, Grill- und Erlebnisspielplätze sowie Strandabschnitte an der Rems neu angelegt.

Die Route führt von Weinstadt-Endersbach zuerst durch die Weinberge, damit die Radler ein »Feeling« für das bekommen, was das Remstal vor allem auszeichnet – Weinanbau. Unterwegs kommt man an der Ruine Yburg oberhalb von Stetten vorbei, in und um diese man Skulpturen des Strümpfelbacher Bildhauers Karl Ulrich Nuss bewundern kann.

Von Remseck führt der Weg nach Schorndorf, eine der schönsten Städte des Landes, nicht nur was das Fachwerk im Zentrum betrifft. Das durch die Staufer, die hier im ehemaligen Benediktinerkloster lange ihre Grablege hatten, geschichtsträchtige Lorch ist die nächste Station, bevor man in eine weitere prächtige Stadt entlang des Radwegs kommt: Schwäbisch Gmünd, das mit einer Vielzahl von sehenswerten Gebäuden aufwartet.

Die Rems begleitet uns nicht mehr allzu lange, denn sie entspringt im Wald bei Essingen. Der Radweg bringt uns aber noch nach Aalen, das auf die Römerzeit zurückblickt – nicht umsonst gibt es hier ein bedeutendes Limes-Museum. Zudem kann man sich in den Limes-Thermen von den Anstrengungen entspannen.

Schorndorf gehört zu den schönsten Fachwerkstädten des Landes.

Leicht | 106 km | 630 Hm | 3–4 Tage

Hier geht's lang

Ausgangspunkt: Weinstadt-Endersbach, Bahnhof, GPS: 48.812927, 9.370738

Endpunkt: Aalen, Bahnhof, GPS: 48.841025, 10.095522

Tourencharakter: Der überwiegende Teil der Strecke ist asphaltiert, wenige Abschnitte sind geschottert.

Erweiterungen: Wer sich die Broschüre besorgt, findet in ihr noch sechs Rundtouren entlang der Hauptstrecke: Korber Kopf-Runde, Wein-Kelter-Runde, Schurwald-Radroute, Höhen-Route, Staufer-Schleife, Tour zum Ursprung der Rems

Information: www.remstal-radweg.de, www.schorndorf.de, www.kloster-lorch.de, www.aalen.de, www.limesmuseum.de

Blick von der Höhe hinab ins Durchbruchstal der Oberen Donau. Der Radweg verläuft unten im Tal, immer mehr oder weniger nahe am Fluss und dadurch fast ohne Höhenunterschiede. (Tour 17)

Schwäbische Alb

12 ● Schwer | 39,6 km | 460 Hm | 4.30 Std.

Von Kirchheim unter Teck ins Lenninger Tal

Blütentour rund um die Teck

Im Land um die Teck blühen im Frühjahr Tausende von Kirschbäumen. Man hat von der Höhe aus eine fantastische Sicht auf das Blütenmeer, kann aber auch im Flachen durch die Baumwiesen im Albvorland radeln. Freunde von Burgruinen können Abstecher zu den Ruinen Teck und Rauber machen.

✔ Darum einzigartig

Im Frühjahr ist die Landschaft, durch die man radelt, ein einziges Blütenmeer. Dazu kann man zwei Burgruinen besuchen und in Kirchheim eine prächtige Fachwerkstadt besichtigen.

Von der Stadt durch's Albvorland Wir fahren vom Bahnhof in Kirchheim erst kurz in die Kolbstraße, zweigen aber gleich rechts ab in die Jahnstraße. Sie bringt uns zu einem Kreisverkehr. Ihn verlassen wir an seiner ersten Ausfahrt in die Alleenstraße. Nun fahren wir rechts am historischen Zentrum vorbei.

Es lohnt sich, sich dort ein wenig umzusehen, am besten von der Marktstraße aus, die direkt auf das prächtige Rathaus zuführt. Man kann dies aber auch nach der Tour noch ganz entspannt machen. Beachten sollte man, dass man in der Fußgängerzone das Rad schieben muss.

Für die Tour radeln wir weiter geradeaus. An der Kreuzung Alleenstraße/Hindenburgstraße biegen wir links, dann gleich wieder rechts in Richtung »Weilheim« in die Jesinger Straße ab. Bis Jesingen radeln wir nun entlang der Straße, teilweise auf einem Radweg. Nach einem rechts liegenden Sportplatz am Ortsanfang von Jesingen richten wir uns mit dem Radwegschild nach »Weilheim« nach rechts in die Einsteinstraße, vor den Gleisen gleich wieder nach links. An der nächsten Querstraße halten wir uns links, dann mit dem Radwegschild rechts. Etwas später behalten wir an der querenden Naberner Straße unsere Richtung bei und verlassen auf der Alten Weilheimer Straße den Ort.

Blick vom Lenninger Tal zu den Bergen der Schwäbischen Alb

Wir orientieren uns immer an der Beschilderung nach »Weilheim«, unterqueren die Autobahn, kommen an der Kläranlage vorbei und biegen gleich nach ihr rechts ab in die Kirchheimer Straße. An der nächsten Verzweigung (rechts Egelsbergstraße) fahren wir in der Kirchheimer Straße nach links weiter. Vor der mächtigen sehenswerten Peterskirche halten wir uns rechts in den Marktplatz, danach links in die Untere Grabenstraße in Richtung »Neidlingen«. An der nächsten Verzweigung geht es nach rechts weiter in der L1200/Neidlinger Straße.

Vorbei an der Limburg Nach dem Ort können wir auf den Radweg wechseln, der uns zum Ortsanfang von Neidlingen bringt. Hier biegen wir nach dem rechts der Straße liegenden Sportplatz nach rechts in die Schönbuchstraße ab. Nach der Reußensteinhalle orientieren wir uns rechts. Durch Wiesen und Felder kommen wir zu einem Landsträßchen, hinter ihm fahren wir geradeaus weiter in Richtung »Bissingen«. Wir radeln nun entlang des rechts liegenden Berges Limburg und überqueren danach die L1250. Dahinter liegt bereits Bissingen. Wir fahren in der Unteren Straße bis zur Vorderen Straße. Ihr folgen wir nach links. Später als Teckstraße bringt sie uns mit dem Wanderzeichen blaues Dreieck aus dem Ort hinaus.

Die Wege sind gut beschildert. Im Hintergrund sieht man die Limburg.

Danach kommen links eine Scheune, anschließend links und rechts des Radweges große landwirtschaftliche Gebäude. Wir biegen vor den rechts gelegenen nach rechts ab, nun steigt es steil an. Wir folgen dem Weg hinauf zum Waldrand und zweigen dort an der Hütte rechts ab. An der nächsten Verzweigung nehmen wir die linke Hörnlesteige.

Abstecher zur Burg Teck möglich Es geht noch kurz hinauf, dann sind wir am aussichtsreichen Hörnle. Wenn wir vom Parkplatz aus noch kurz geradeaus über die Wiese gehen, haben wir einen prächtigen Blick ins Albvorland und weiter bis zu den Kaiserbergen auf der Ostalb. Wer will, macht von hier aus – am besten wohl zu Fuß (140 Hm zusätzlich!) – einen Abstecher zur Burg Teck.

Danach fahren wir auf der Straße hinab. An der Verzweigung kurz darauf halten wir uns links, nun steigt es etwas an bis zu einem Parkplatz. Dahinter fällt der Forstweg erst, dann steigt er wieder an bis zum Sattelbogen. Hier kann man zu Fuß in etwa einer halben Stunde zur Ruine Rauber (120 Hm zusätzlich) aufsteigen.

Zurück durchs Lenninger Tal Wir fahren nach rechts hinab und folgen dann gleich dem Asphaltsträßchen nach links nach Unterlenningen. Dort rollen wir bis vor die Bahnlinie und biegen dann mit dem Radwegschild rechts ab in die Badstraße. Vorbei am Bahnhof – wo man die Tour bereits abbrechen und nach Kirchheim zurückfahren kann – kommen wir in der Eisenbahnstraße nach Brucken.

Dort werden wir mit dem Radwegschild nach links in Richtung »Owen« verwiesen. Wir überqueren gleich darauf die B465, fahren noch kurz geradeaus und halten uns nach dem Bach rechts in die Straße Am Mühlbach. An Haus Nr. 12 zweigen wir, den Wandermarkierungen folgend, rechts ab und radeln nun auf schmalem Weg neben dem Wasserkanal bis Owen.

In Owen biegen wir links in die L1210/Beurener Straße ein. Gleich nach der Bahnlinie orientieren wir uns rechts. Immer gut auf die Radwegschilder

Im Frühjahr ist die Gegend ein einziges Blütenmeer.

Die Tour verläuft entlang der Lauter. Dabei kommt man an diesem Wehr vorbei.

achtend, radeln wir immer links des Baches bis Dettingen unter Teck. In Dettingen überqueren wir die Lauter, dann halten wir uns links nach »Kirchheim«. Wir radeln durch das Industriegebiet hindurch, unterqueren die Autobahn und kommen nach Kirchheim.

Vor der Bahnlinie zeigt das Radwegschild zur Stadtmitte nach links. Später folgen wir der Straße Beim Schießwasen. Nach einem Linksknick geht es in der Straße In den Stellegärten nach rechts weiter. Danach biegen wir rechts ab in die Hahnweidestraße. Wir überqueren die Schöllkopfstraße, biegen danach links ab in die Ziegelstraße und folgen der querenden Schöllkopfstraße nach rechts zum Bahnhof.

✔ Nicht versäumen

Ein Aufstieg zur Ruine Teck lockt unter anderem wegen der Aussicht vom Turm. Hier bietet sich ein grandioser Blick ins Albvorland, entlang des Albtraufs und bis zu den Kaiserbergen auf der Ostalb. Außerdem kann man im Wanderheim des Schwäbischen Albvereins einkehren. Die Ruine Rauber hingegen ist ein eher stiller Ort, der aber mit den verbliebenen Mauerresten Ruinenromantik ausstrahlt.

✔ Hier geht's lang

Ausgangs- und Endpunkt: Kirchheim unter Teck, Bahnhof, Schöllkopfstr., GPS: 48.645152, 9.443643

Tourencharakter: Die Radtour verläuft auf Radwegen und Straßen, teilweise auch auf festen Waldwegen. Auf der Strecke finden wir zwar viele Radwegschilder, man muss aber trotzdem gut aufpassen, damit man den Weg nicht verliert. Durch die Länge der Tour summieren sich die Höhenmeter durch das ständige Auf und Ab erheblich. Die Anstiege zu den Ruinen kommen zu den angegebenen Werten noch dazu, allerdings zu Fuß.

ÖPNV: Bahn oder S-Bahn nach Kirchheim unter Teck. Wer will, kann die Tour im Lenninger Tal in Unterlenningen, Brucken, Owen oder Dettingen beenden und mit der Regionalbahn zurückfahren (www.efa-bw.de).

Auto: Auf der A8 bis Ausfahrt Kirchheim unter Teck-Ost. Dann kann man die Tour auch an einem anderen der angefahrenen Orte beginnen, wo man vielleicht besser parken kann als in Kirchheim.

Übernachtung:
Hotel Schwarzer Adler,
Alleenstr. 108,
73230 Kirchheim unter Teck,
www.schwarzer-adler-kirchheim.de

Einkehr: Altes Forstamt,
Schloßplatz 9,
73230 Kirchheim unter Teck,
www.altes-forstamt.de

Information:
www.kirchheim-teck.de,
www.weilheim-teck.de,
www.owen.de

13 Mittel | 38,6 km | 320 Hm | 3 Std.

Über die Albhochfläche und durch das Filstal

Viel Landschaft und sehenswerte Städte

Bei dieser Tour radeln wir über die karge Albhochfläche, später geht es in rasanter Bergabfahrt hinab ins eher liebliche Filstal, wo wir sehenswerte Orte wie Bad Ditzenbach und Deggingen mit der Wallfahrtskapelle Ave Maria besuchen. Abschließend lassen wir den Tag im Fachwerkparadies Geislingen an der Steige ausklingen.

✔ Darum einzigartig

Bei dieser Tour erleben wir mit der eher kargen Albhochfläche und dem lieblicheren Filstal zwei recht unterschiedliche Landschaften. Dazu kommen noch die Sehenswürdigkeiten unterwegs wie beispielsweise Bad Überkingen, die Wallfahrtskirche Ave Maria und als grandiosen Höhepunkt Geislingen an der Steige, bei dem sich eine ausgiebige Besichtigung lohnt.

Über die Albhochfläche Wir fahren auf der Ostseite des Bahnhofs von Amstetten auf der Straße Am Bahnhof nach Süden. Kurz danach folgen wir der Straße nach rechts und treffen auf die Bahnhofstraße. Ihr folgen wir als K7314 nach Süden und biegen in die später querende Landstraße L1232 nach rechts in Richtung »Reutti« ein. Es steigt etwas an, dann biegen wir dort, wo der Wald aufhört, links ab zu einem Wanderparkplatz.

Es geht an ihm vorbei, dann nach rechts am Wald entlang und kurz darauf scharf rechts ab. Nun rollen wir abwärts und fahren durch die Felder bis vor Reutti. Vor den Häusern biegen wir links ab in die Straße Hinter den Gärten und radeln am Ortsrand entlang bis zum querenden Flinsweg. Auf ihm kommen wir nach rechts zur Durchgangsstraße (Ortsstraße). Etwas nach rechts versetzt folgen wir auf der anderen Seite der Hinteren Gasse in Richtung »Oppingen«. Die Straße knickt gleich rechts ab und wir verlassen Reutti.

Nach dem Ort überqueren wir die Landstraße. Etwas später zweigt rechts ein Feldweg ab, wir fahren aber geradeaus weiter. Rechts sehen wir die Gleise der

Auf dem Kreuzweg geht es hinauf zur Wallfahrtskirche Ave Maria.

Museumsbahn, die wir bald überqueren. Wir kommen zu einem querenden Weg, dem wir nach links folgen. Schließlich treffen wir wieder auf eine Querstraße, halten uns rechts in Richtung »Türkheim« und fahren bis zu einer Kreuzung. Wir biegen links ab und radeln bis Nellingen. Dort geht es an der Durchgangsstraße etwas nach rechts versetzt in der Römerstraße weiter. Nach dem Wohngebiet überqueren wir wieder eine Landstraße, danach rollen wir geradeaus weiter. An einem Parkplatz zweigt ein Weg rechts ab, wir radeln aber geradeaus über die Hochsträß. Jetzt ignorieren wir die seitlich abgehenden Wege und kommen schließlich vor den Wald.

Hinab ins und durch das Filstal Hier zweigen wir rechts ab und fahren bis zum Albtrauf und nach rechts bis zur Landstraße, die von der rechts liegenden Ansiedlung Schonderhöhe kommt. Nun können wir es hinab ins Filstal rollen lassen. In Bad Ditzenbach folgen wir dem Schild nach rechts in die »Ortsmitte«.

Wir rollen an der Kirche vorbei, dann in einer Linkskurve bis zur B466. Gleich nach ihr folgen wir dem Radwegschild nach »Geislingen«. In Deggingen kann man einen Abstecher zur Wallfahrtskapelle Ave Maria machen, die an der rechten Hangseite idyllisch unterhalb des Waldes liegt. Sie ist ein Glanzstück des deutschen Spätbarock und einen Besuch wert.

Wer Glück hat, kann in Amstetten einen Blick auf Lokomotiven und Wagen der Museumsbahn werfen.

Der Radweg verläuft bis Bad Überkingen nun immer links der Bundesstraße. Vor diesem Ort unterqueren wir diese aber. Nach der Unterführung geht es links weiter. Entlang der Sportplätze, später der Filsstraße, kommen wir zur querenden Parkstraße. Sie bringt uns nach rechts als Bahnhofstraße über die Fils zur Badstraße. Auf ihr fahren wir nach links ins Zentrum, wo wir einige prächtige Fachwerkgebäude sehen. Nach dem Otto-Neidhart-Platz geht es in der anfangs etwas ansteigenden Geislinger Straße weiter.

Abschluss im Fachwerkparadies Bevor diese in die Bundesstraße mündet, folgen wir dem nach rechts weisenden Radwegschild. Nach einer Wendeplatte fahren wir parallel zur Bundesstraße durch das Gewerbegebiet nach Geislingen. Dort biegen wir rechts ab in die ansteigende Wiesensteiger Straße. Gleich danach weist uns aber ein Radwegschild nach links. Nun radeln wir eben links einer ehemaligen Bahnlinie durch einen Grünstreifen, bis wir nach rechts zur Ostmarkstraße verwiesen werden. Ihr folgen wir nach links.

Nach einer Linkskurve überqueren wir die ehemalige Bahnlinie und biegen vor der neuapostolischen Kirche rechts ab in die Hölderlinstraße. Sie führt etwas später als Rad- und Fußgängerweg weiter, zieht nach links und bringt uns zur Bahnhofstraße. Wir halten uns rechts, fahren nach der Ampel geradeaus weiter und kommen vor die Bahngleise. Etwas weiter rechts liegt der Bahnhof.

Wer noch Zeit und Kraft hat, dem sei ein abschließender Abstecher in die Geislinger Altstadt empfohlen. Hier sieht man jede Menge bemerkenswerter historischer Gebäude, kann das Museum besuchen, durch die Fußgängerzone bummeln oder einkehren. Alle sehenswerten Häuser sind durch Tafeln erklärt.

✔ Nicht versäumen

Wenn möglich, sollte man Zeit einplanen, damit man sich am Ende der Tour im Fachwerkparadies Geislingen umsehen kann. Sehenswert sind insbesondere die Gebäude in der Fußgängerzone und der Alte Bau, in dem die Städtische Galerie untergebracht ist.

Hier geht's lang

Ausgangspunkt: Amstetten Bahnhof, Bahnhof, GPS: 48.578744, 9.872852

Endpunkt: Geislingen an der Steige, Bahnhof, GPS: 48.619681, 9.841308

Tourencharakter: Wir radeln mit geringem Auf und Ab auf Sträßchen und Feldwegen über die Albhochfläche und durch das Filstal auf dem Tälesbahnradweg.

ÖPNV: Anfahrt mit der Bahn nach Amstetten, Rückfahrt mit der Bahn ab Geislingen an der Steige (www.efa-bw.de)

Auto: Wer mit dem Auto anreist, findet bei beiden Bahnhöfen Parkmöglichkeiten. Empfehlenswert, weil die Radstrecke dann überwiegend bergab führt, ist es, wenn man in Geislingen parkt, mit der Bahn nach Amstetten fährt und von dort zurück nach Geislingen radelt.

Übernachtung und Einkehr: Hotel und Restaurant Krone, Stuttgarter Str. 148, 73312 Geislingen, www.hotel-krone-geislingen.de; Bad-Hotel, Otto-Neidhart-Platz 1, 73337 Bad Überkingen, www.badhotel-ue.de

Information: www.bad-ueberkingen.de, www.geislingen.de, www.mein-albtrauf.de

14 ● Schwer | 59 km | 440 Hm | 4.30 Std.

Von Langenau nach Lonsee

Höhlen und Felsen

Wir radeln nicht nur durch völlig verschiedene Landschaftstypen, vom flachen Langenauer Ried bis hin zu Tälern, die über die Alb mäandern, und zur kargen Albhochfläche. Es folgen auch Höhlen, Burgen und Naturdenkmale dicht aufeinander, sodass man viel Zeit einkalkulieren sollte, um sich alles gebührend ansehen zu können.

✔ *Darum einzigartig*

Wir berühren eine seltene Vielfalt von Landschaftstypen, können uns einige Höhlen, eine markante Felsformation und das Kliff eines einstigen Meeres ansehen und noch zu einer Burgruine aufsteigen.

Durchs idyllische Ried Wir halten uns, den Langenauer Bahnhof im Rücken, rechts und fahren anschließend in der Lenaustraße bis zur querenden Wörthstraße. Hier orientieren wir uns links in Richtung »Oberstotzingen«. An der nächsten Kreuzung, wo links eine Kirche steht, biegen wir rechts ab in die Lange Straße.

Nun geht es auf einem schmalen Sträßchen geradeaus, bis links der Straße ein Haus steht. Hier biegen wir rechts ab in Richtung »Ostermühle«. Gleich darauf an der Verzweigung vor den Häusern halten wir uns links. Wir überqueren die Bahnlinie und kommen hinein ins Langenauer Ried. Rechts liegt bald ein Vogelbeobachtungsturm, den wir besteigen können. Nach den Stromleitungen knickt der Weg links ab.

Wir fahren immer nach Osten, bis nach den nächsten Überlandleitungen der Weg scharf links abknickt. Wir unterqueren wieder die Stromleitungen, dann kommen wir über die Bahngleise und zur Landstraße. Hier fahren wir geradeaus weiter nach Rammingen. Durch diesen Ort rollen wir geradeaus hindurch, wobei ein Abstecher zur links liegenden Kirche empfehlenswert ist. Schließlich gelangen wir zu einer vorfahrtsberechtigten Querstraße.

Von der Ausflugsgaststätte zu den ersten Höhlen Hier orientieren wir uns rechts, dann biegen wir gleich links ab in den Lindenauer Weg. Auf ihm

Vom Tal aus kann man hinauf zu der mächtigen Burgruine Kaltenburg sehen.

fahren wir bis zur Ansiedlung Lindenau, wo man auch einkehren kann. Kurz davor sehen wir links des Weges ein kleines Sühnekreuz.

Wir radeln durch Lindenau hindurch bis zum Waldrand. Dort geht es am Parkplatz etwas hinab, dann nehmen wir den nach links ziehenden Weg, der uns hinab ins Lonetal bringt. Dort finden wir das Höhlensystem Hohlenstein. Die Höhlen sind zwar verschlossen, aber trotzdem eindrucksvolle Naturgebilde.

Weitere Höhlen und eine Ruine Jetzt biegen wir rechts ab und rollen durch das Lonetal bis zu einer Landstraße. Hier zweigen wir rechts ab, gleich danach links. Am Abzweig liegt rechts oberhalb der Straße die Vogelherdhöhle. Ihre Besichtigung kostet zwar Eintritt, es wird aber auch einiges dafür geboten. Danach fahren wir mit vielen Kurven durch das Lonetal bis zur Ansiedlung Lontal mit der Kapelle St. Ulrich, insgesamt ein reizvolles Ensemble. Etwas später treffen wir auf die querende Landstraße K3020, wo wir links abbiegen. Nun haben wir zwei Möglichkeiten. Wenn wir geradeaus weiterfahren, kommen wir zum Eingang der Charlottenhöhle, auch sie kann mit ihrer interessanten Höhlenerlebniswelt gegen Eintritt besichtigt werden. Außerdem kann man hier nach links zu Fuß in wenigen Minuten (500 m) zur mächtigen Burgruine Kaltenburg aufsteigen. Danach radeln wir auf der Straße weiter nach Hürben.

Man kann auch vor der Höhle rechts abbiegen und durch den Parkplatz zum Fuß des Hügels fahren. Dort geht es nach links weiter bis Hürben, wo wir nach links zur Durchgangsstraße fahren. In beiden Fällen folgen wir dann der Dettinger Straße aufwärts. Kurz danach zweigen wir rechts ab in die Eselsburger Straße. Nun steigt es steil an, später geht es im Falkensteiner Weg nach links zur Dettinger Straße, auf die wir unter Hochspannungsleitungen treffen. Wir fahren rechts der Landstraße weiter. Unser Weg zweigt bald darauf rechts ab, knickt dann nach rechts ab und bringt uns über die A7, danach über die Landstraße L1079. Nun können wir es hinab nach Eselsburg rollen lassen.

Felsen und ein Meeresriff In diesem Weiler empfiehlt es sich, zuerst auf dem Sträßchen nach rechts in Richtung Herbrechtingen bis zu den markanten und sagenumwobenen Felsgebilden der Steinernen Jungfrauen zu fahren. Danach kehren wir wieder um und folgen ab Eselsburg der Falkensteiner Straße, die weiter an der Brenz entlangführt. Bald kann man nach links hinauf nach Falkenstein steigen; hier befand sich einst eine Burg, heute sieht man eine interessante Kapelle und hat einen schönen Blick über das Brenztal.

Ansonsten radeln wir weiter bis Bindstein. Hier biegen wir links ab, nun geht es kurz steil hinauf zur Hochfläche. Dort rollen wir durch die Burgholzhöfe. Wo das Sträßchen danach etwas links abknickt, biegen wir scharf rechts ab. Bald überqueren wir eine Landstraße, kurz danach biegen wir links ab und fahren bis zu einem querenden Weg. Nach links kommen wir nach Dettingen am Albuch. Hier halten wir uns an der Durchgangsstraße rechts. Vor der Kirche geht es nach links, gleich danach biegen wir rechts ab in die Wagenburgstraße. Auf ihr verlassen wir nach dem Sportplatz den Ort und radeln über die Hochfläche, vorbei an der Friedenslinde, nach Heldenfingen.

Detailansicht des Heldenfinger Kliffs

Nach den ersten Häusern biegen wir rechts ab in die Kliffstraße, die uns zur Raiffeisenstraße bringt; rechts liegt das berühmte Heldenfinger Kliff. Dies ist eine rund 20 Meter hohe Hohlkehle, die durch

Der Hohlenstein ist ein ausgedehntes Höhlensystem.

den Anprall der Wellen des miozänen Molassemeers entstand. In ihm findet man zahllose Löcher von Bohrmuscheln und aufgesetzte Austern. Es gilt als besterhaltener fossiler Strand Deutschlands.

Nachdem wir das Naturdenkmal besichtigt haben, fahren wir in der Raiffeisenstraße zurück, biegen links in den Dettinger Weg und gleich wieder rechts in die Flurstraße ein. An der querenden Heuchlinger Straße orientieren wir uns rechts, gleich danach links in den Altheimer Weg. Wir queren eine Landstraße und fahren zu einem Parkplatz.

Über den Hungerbrunnen zum Ziel Am Abzweig danach halten wir uns rechts und kommen durch eine schöne, albtypisch herbe Landschaft hinab zum Hungerbrunnen. Er heißt so, weil er zwar in trockenen Jahren nur ein mit Steinen gefülltes Loch ist, wenn der Wasserspiegel im Karst aber ansteigt, kann er eine stark schüttende Quelle sein.

Wir biegen links ab, gleich danach am Parkplatz rechts und überqueren die K7400. Nun steigt es wieder an. Bei Mehrstetten zweigen wir rechts ab. Bald fahren wir an einem Wasserloch vorbei, etwas später zieht unser Weg in einem Gehölz erst nach rechts, dann biegen wir links ab und kommen nach Altheim.

Immer wieder säumen mächtige Felsen aus Massenkalk den Weg.

Wir stoßen auf eine vorfahrtsberechtigte Straße, an der wir uns rechts halten. Bei der nächsten vorfahrtsberechtigten Straße geht es nicht mehr geradeaus weiter, hier wenden wir uns nach links und verlassen den Ort. Nach dem rechts liegenden Hof biegen wir rechts ab zu einer Scheune, an der wir rechts vorbeifahren. Danach treffen wir auf eine Kreuzung, an der wir mit dem Radwegschild links abbiegen und durch die Ackerlandschaft nach Weidenstetten rollen. An der Querstraße biegen wir links, dann gleich wieder rechts ab.

Nun fahren wir an der Kirche mit dem mächtigen Turm vorbei. Am Ortsende zweigen wir mit dem Radwegschild rechts ab und radeln am Wald vorbei und am Schluss durch eine schöne Heidelandschaft mit einem Linksknick bis zur K7402. Hier biegen wir rechts ab und fahren hinauf nach Sinabronn.

Wir durchqueren diesen Ort und rollen weiter über die Hochfläche. Wo es etwas abwärts nach Halzhausen geht, zweigen wir rechts ab und kommen hinab nach Lonsee. Dort folgen wir der Unteren Sonnenbühlstraße, bis sie auf die Salachbergstraße/L1229 trifft. Dieser folgen wir nach links, bis wir rechts in die Hauptstraße einbiegen können. Wir fahren an der Kirche vorbei und halten uns danach rechts in die Bahnhofstraße, die uns zum Bahnhof bringt.

✔ Nicht versäumen

Die Vogelherdhöhle liegt im Archeopark Vogelherd. Für den Besuch wird zwar Eintritt erhoben, aber dafür kann man auch viel über die Steinzeit und die Menschen damals erfahren (Info: www.archaeopark-vogelherd.de). Der kleine Abstecher zum kostenlos zu besichtigenden Heldenfinger Kliff lohnt ebenfalls, denn so ein Kliff mit Resten von Muscheln kann man sonst nirgends mehr sehen.

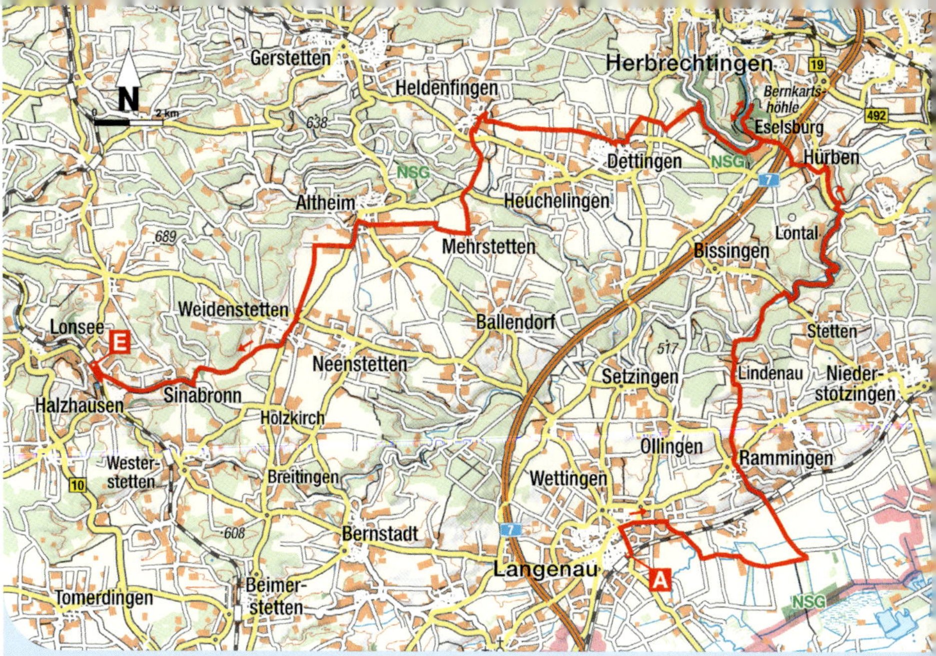

✔ Hier geht's lang

Ausgangspunkt: Langenau, Bahnhof, GPS: 48.493564, 10.125751

Endpunkt: Lonsee, Bahnhof, GPS: 48.545329, 9.917109

Tourencharakter: Die Radtour verläuft auf Sträßchen und festen Feldwegen. Die Tour bringt zwar insgesamt einige Höhenmeter mit sich, da sie aber auf die relativ weite Strecke verteilt sind, hat man außer dem kurzen, steilen Anstieg bei Bindstein keine besonders anstrengende Steigung zu bewältigen.

ÖPNV: Bahnverbindung nach Langenau und Lonsee (www.efa-bw.de)

Auto: Da es sich hier um eine Streckentour handelt, ist die Anreise mit dem Auto nicht zu empfehlen.

Übernachtung: Gasthof Zum Bad, Burghof 11, 89129 Langenau, www.gasthof-zum-bad.de

Einkehr: Gasthaus zum Schlössle – Ausflugsgaststätte Lindenau, Lindenau 1, 89192 Rammingen-Lindenau, www.ausflug-lindenau.de

Information: www.langenau.de, www.archaeopark-vogelherd.de, www.hoehlenerlebniswelt.de

15 ● Mittel | 30,4 km | 300 Hm | 2.15 Std.

Von der Zaininger Hüle zum Truppenübungsplatz

Herbstlicher Eindruck: wie in der Savanne

Der ehemalige Truppenübungsplatz wurde über Jahrzehnte nur zu militärischen Übungen genutzt und besitzt damit eine Natur wie vor über 100 Jahren, einschließlich seltener Flora und Fauna. Im Herbst, wenn die Vegetation das typische Braun-Orange angenommen hat, erinnert die Gegend fast an eine Savanne.

✔ Darum einzigartig

Eine solche Landschaft wie auf dem ehemaligen Truppenübungsplatz gibt es sonst im Land nicht mehr. Sie konnte auch nur durch die jahrzehntelange extensive Nutzung entstehen. Am eindrucksvollsten ist sie im Herbst, wenn die Vegetation sich in einheitliches Braun-Orange hüllt.

In der wilden Trailfinger Schlucht

Hinein in den Truppenübungsplatz

Bereits am Parkplatz sehen wir den Aussichtsturm Hursch, der aus dem Wald emporstrebt. Er gehört zu den Türmen des ehemaligen Truppenübungsplatzes, die man besteigen kann. Wir fahren zuerst nach Süden in den Truppenübungsplatz hinein. Es steigt zunächst etwas an, danach fällt es allmählich ab. Nach einer Rechtskurve ignorieren wir den links abgehenden Weg ins Obere Böttental. Etwas später können wir dann einen kurzen Abstecher nach Gruorn machen, indem wir einfach geradeaus weiterfahren. Bereits nach kurzem Bergauf erreichen wir das ehemalige Dorf, das den Soldaten zum Üben von Häuserkampf gedient hat. Im ehemaligen Schulhaus gibt es einen Schauraum über die Geschichte des Ortes. Ansonsten zweigen wir links ab und fahren zum Parkplatz vor Trailfingen. Auch dies wäre ein guter Ausgangspunkt für diese Radtour.

In Zainingen findet man eine für die Schwäbische Alb typische Hüle – ein Wasserloch auf einem wasserundurchdringlichen Untergrund.

Vorbei an der Ermsquelle Von hier aus geht es kurz hinab, dann rollen wir nach rechts und durch Trailfingen hindurch. Am Ortsende zweigen wir rechts ab in den Schanzweg. Gleich darauf an der Verzweigung bleiben wir links und radeln durch die dunkle und enge Trailfinger Schlucht. Unterwegs kommen wir am Ermsursprung vorbei. In Seeburg stoßen wir auf die Landstraße. Hier halten wir uns rechts, biegen aber kurz darauf links ab in die Straße Seewiesen. Vor dem Hang halten wir uns links in die Straße Hartberg. Gleich darauf an der Abzweigung folgen wir dieser Straße nach rechts.

Nun steigt es vorübergehend steil an, hier braucht man sich nicht zu schämen, wenn man schiebt. Dafür haben wir einen herrlichen Tiefblick auf Seeburg. Auf der Höhe rollen wir weiter nach Wittlingen. Hier zieht die Straße nach links ins Gewerbegebiet. Wo links die Straße Am Zimmerplatz abgeht, biegen wir rechts ab und kommen zur K6706. Ihr folgen wir nach rechts.

Über die Hochfläche Durch Hengen fahren wir in einigen Kurven hindurch, dann biegen wir vor dem Rathaus rechts ab in die Böhringer Straße. Nach dem Ort halten wir uns an der querenden L245 links. Nach dem großen Industriege-

Blick auf Trailfingen, das idyllisch zwischen Wiesen und Hügeln liegt

bäude biegen wir links ab und rollen bis vor die B28. Hier radeln wir rechts der Bundesstraße weiter bis zum links liegenden Böhringen.

Wir fahren in den Ort hinein und auf der Durchgangsstraße zu den letzten Häusern, hier biegen wir links ab in den Elbeweg. Er knickt vor dem Pferdehof rechts ab und bringt uns zur L252. Ihr folgen wir kurz nach links, dann zweigen wir bei nächster Gelegenheit rechts ab. Nun fahren wir durch eine interessant bewegte Landschaft bis zur B28.

Wir unterqueren die Bundesstraße. Danach fahren wir nach rechts nach Zainingen hinein. Es geht an der Hüle vorbei. Etwas später biegen wir links ab in die Münsinger Straße, die uns zurück zum Ausgangspunkt bringt.

✓ Nicht versäumen

Das ehemalige Dorf Gruorn lohnt eine Besichtigung, obwohl nicht mehr viel von ihm übrig ist – die Bewohner wurden ausgesiedelt und deren Häuser zum Üben des Häuserkampfs benutzt. Erhalten sind noch das Schulgebäude, in dem eine kleine Ausstellung zu sehen ist, sowie die Kirche.

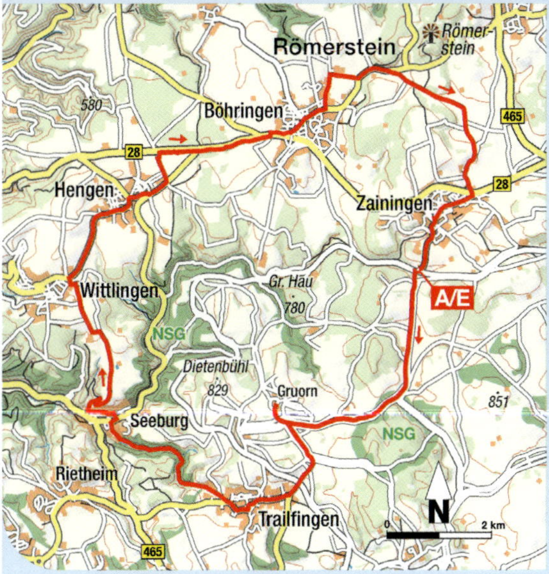

Schafe gehören zu den ständigen Bewohnern des Truppenübungsplatzes.

Hier geht's lang

Ausgangs- und Endpunkt: Römerstein-Zainingen, Ende der Münsinger Str., südlich des Ortes, GPS: 48.471792, 9.540121

Tourencharakter: Wir fahren auf festen Wegen. Im ehemaligen Truppenübungsplatz dürfen die ausgeschilderten Wege wegen evtl. noch hier liegender Blindgänger nicht verlassen werden. Die Gegend kommt einem zwar relativ flach vor, es summieren sich aber doch einige Höhenmeter.

ÖPNV: Keine Anreise mit öffentlichen Verkehrsmitteln möglich

Auto: Von Metzingen auf der B28 nach Bad Urach und weiter über Römerstein nach Zainingen. Dort folgen wir dem Wegweiser zum »Ehem.-Tru.-Üb.-Platz«. Von dem davor liegenden Parkplatz aus startet die Tour.

Übernachtung: Gasthof Lamm, Jakob-Reiser-Str. 36, 72574 Bad Urach-Hengen, www.gasthof-lamm-hengen.de

Einkehr: Gasthof zum Löwen, Uracher Str. 21, 72587 Römerstein-Zainingen, www.loewen-zainingen.de; Gasthof Lamm (s. o.)

Information: www.muensingen.de, www.muensingen.com, www.biosphaerengebiet-alb.de

16 ● Mittel | 23 km | 290 Hm | 1.50 Std.

Von Wittstaig nach Buttenhausen

Durch das Große Lautertal

Im Lautertal lockt nicht nur das mäandernde Flüsschen, sondern auch die Umgebung mit den Felsen, Orten und Burgen. In Buttenhausen gibt es einen geschichtlichen Rundgang auf den Spuren der einstigen jüdischen Bevölkerung, und in Bichishausen warten die stilvolle Zwiebelturmkirche, die Burgruine und ein aussichtsreicher Berg.

✔ Darum einzigartig

Das Große Lautertal ist nicht nur eines der beliebtesten Täler des Landes für Wanderungen und Radtouren, was für seine landschaftliche Qualität spricht. Wir kommen auf der Tour auch an etlichen Sehenswürdigkeiten und Besonderheiten wie Burgruinen vorbei.

Durchs Heiligental Etwas südlich von Wittstaig führt das Heiligental nach Osten vom Lautertal weg; markiert ist es mit dem gelben Dreiblock. In ihm fahren wir sanft aufwärts bis zu einer Verzweigung, wo wir auf ein asphaltiertes Sträßchen treffen. Nach links bringt es uns nach Dürrenstetten. Wir biegen rechts ab in die Gundelfinger Straße und radeln nach Bremelau, wo wir uns an der Durchgangsstraße links halten.

Nach dem Ort zieht die Landstraße nach rechts. Hier fahren wir auf dem für den Autoverkehr gesperrten Sträßchen geradeaus weiter – erst über die freie Hochfläche, dann durch Wald, hinab nach Unterheutal. Vor der Ansiedlung biegen wir, nun wieder mit dem gelben Dreiblock, links ab in Richtung »Apfelstetten«. An der gleich darauf folgenden Verzweigung halten wir uns rechts.

Nun steigt es wieder an. Wir kommen nach Apfelstetten und fahren dort auf der verwinkelten Durchgangsstraße abwärts. Kurz nach dem Ort treffen wir auf eine querende Straße; hier radeln wir auf dem neben ihr verlaufenden Radweg nach links nach Buttenhausen.

Reiche Geschichte in Buttenhausen In diesem Ort sollten wir, wenn wir die Zeit haben, uns den Geschichtlichen Rundweg ansehen. Nun orientieren

An der Großen Lauter

Die Lauter mäandert idyllisch durch die Wiesen.

wir uns links, dann gleich rechts in Richtung »Eglingen«. Wir überqueren die Lauter, dahinter biegen wir links ab. Gleich darauf steigt die Straße an, wir zweigen aber links ab und radeln nun mit dem Zeichen gelbes Dreieck durch das Lautertal. Im Prinzip können wir den Weg nicht mehr verfehlen, denn er ist immer gut markiert. Nach Hundersingen sehen wir links oben die Ruine Hohenhundersingen – wer möchte, fährt nach der Kirche nach links hinauf zum Friedhof und macht von hier aus einen kleinen Spaziergang zu der Ruine.

Burgruine folgt auf Burgruine Ansonsten fahren wir weiter, über Bichishausen – wo rechts über dem Ort ebenfalls eine Burgruine thront – nach Gundelfingen. Vor dem Ort sehen wir am linken Hang den Spitzigen Stein. Hier gibt es gleich zwei Burgen: Hohen- und Niedergundelfingen, von denen Niedergundelfingen privat und nicht zu besichtigen und die Ruine Hohengundelfingen für einen Abstecher zu weit entfernt (und zu hoch gelegen) ist.

Wo wir auf die Straße treffen, halten wir uns rechts und umfahren den Umlaufberg mit Niedergundelfingen, danach geht es weiter nach Wittstaig. Hier müssen wir auf die Straße wechseln, denn kurz danach sind wir wieder am Ausgangspunkt.

✔ Nicht versäumen

Das einst zu großen Teilen jüdische Buttenhausen hat seine interessante Vergangenheit mit dem geschichtlichen Rundgang gut aufbereitet. Er führt an einigen für den Ort wichtigen Gebäuden vorbei, die durch Tafeln erklärt sind, zum Geburtshaus des ermordeten Finanzministers Matthias Erzberger und zum jüdischem Friedhof, der ein ganz anderes Erscheinungsbild besitzt als christliche Friedhöfe.

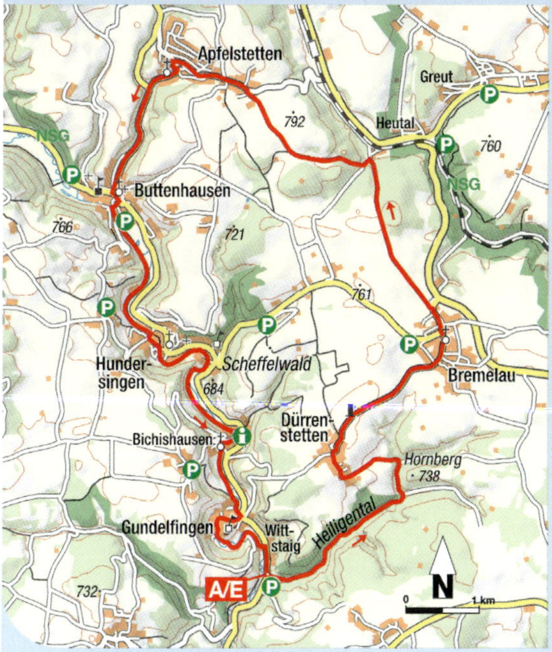

Auf dem jüdischen Friedhof von Buttenhausen

✔ Hier geht's lang

Ausgangs- und Endpunkt: Münsingen-Wittstaig, Wanderparkplatz Heiligental südlich des Dorfes, GPS: 48.316134, 9.506988

Tourencharakter: Die Radtour verläuft auf Radwegen und Landsträßchen. Von Steigungen verschont bleibt man bei diesem Ausflug allerdings nicht, dafür ist er aber relativ kurz, sodass dies gut in Kauf genommen werden kann.

ÖPNV: Die Anreise mit öffentlichen Verkehrsmitteln ist für diese Tour nicht zu empfehlen.

Auto: Von Metzingen auf der B465 nach Bad Urach und weiter über Münsingen bis vor Mehrstetten. Vor dem Ort rechts ab ins Lautertal nach Hundersingen und im Tal der Straße nach Süden folgen bis zum Ausgangspunkt nach Wittstaig.

Übernachtung und Einkehr: Wittstaig Hotel, Wittstaig 10, 72525 Münsingen-Gundelfingen, www.hotel-wittstaig.de

Information: www.muensingen.de

17 Mittel | 34,6 km | 260 Hm | 3.10 Std.

Von Hausen über die Höhe

Ein Kloster, eine Ruine und die »Kleinste Basilika der Welt«

Gleich am Anfang dieser Tour finden wir die Donaubrücke mit der Nepomukstatue bei Hausen. Vorbei an markanten Kletterfelsen fahren wir dann auf die Höhe und dort weiter nach Inzigkofen. Dort rollen wir durch die ehemalige Klosteranlage. Zurück geht es durch das Donautal und vorbei an der »Kleinsten Basilika der Welt«.

✔ Darum einzigartig

Eine Fahrt durch das Durchbruchstal der Oberen Donau ist ohnehin eine Tour der Sonderklasse. Bei der hier beschriebenen Strecke kommt man an der »Kleinsten Basilika der Welt« vorbei und kann sich das Kloster Inzigkofen mitsamt dem romantisch verwilderten Schlosspark – beides mit Erinnerungen an die außergewöhnliche Fürstin Amalie Zephyrine verbunden – ansehen.

Brücke und Radweg im Donautal

Aus dem Donautal hinauf Westlich von Hausen im Tal hinter der Brücke mit dem hl. Nepomuk befindet sich ein Parkplatz. Hier folgen wir dem nach oben führenden Sträßchen, das uns an den Kletterfelsen der Hausener Wand – die mächtige Felswand sieht man ja bereits von unten – vorbeiführt. Oben verlassen wir den Wald und biegen an einer Verzweigung nach links in Richtung »Kreenheinstetten« ab. Wir umfahren Kreenheinstetten, bekannt durch den Mönch Abraham a Sancta Clara, den seinerzeit bekanntesten Kanzelredner, südlich. Die Straße zieht nach rechts und wir biegen am Ende des Ortes nach links in Richtung »Langenhart« ab. Nun können wir zeitweise – aber leider nicht durchgehend – auf einem Radweg neben der Straße fahren. Durch Langenhart rollen wir geradeaus in Richtung »Engelswies« durch.

Zum Kloster Inzigkofen In Engelswies bleiben wir auf der Durchgangsstraße, bis wir auf die B313 stoßen. In sie biegen wir

Im Sommer ist die Donau fast dschungelartig zugewuchert.

nach links ein. Auf dem parallel verlaufenden Radweg erreichen wir Vilsingen. Hier zweigen wir nach links von der Bundesstraße ab in Richtung »Dietfurt«. Wir fahren, bis ein Radwegschild ins Donautal nach rechts zeigt. Wer abkürzen möchte, kann auch geradeaus auf der Straße hinab nach Dietfurt fahren. Ansonsten folgen wir dem Radwegschild nach rechts, gleich darauf weist es uns nach links. Nun radeln wir nach Inzigkofen. Wir fahren im Ort bis zur querenden Kirchstraße, halten uns dort links und rollen durch die Klosteranlage hindurch. Hier sollte man eine Pause einlegen und zu Fuß die Sehenswürdigkeiten erkunden. Mit dem aussichtsreichen Känzele direkt über der Donau, den nahe gelegenen Grotten, der Teufelsbrücke, dem Amalienfelsen, den Gebäuden samt Kirche und dem Bauerngarten gibt es hier viel zu sehen. Danach geht es über den Nickhof hinab ins Donautal.

Die »Kleinste Basilika der Welt«

Vorbei an der »Kleinsten Basilika der Welt« Vor der Straße und der Bahnlinie werden wir auf den Donautal-Radweg nach links verwiesen. Jetzt können wir uns nicht mehr verfahren: Wir folgen einfach dem beschilderten Radweg und kommen über Dietfurt und Gutenstein nach Thiergarten. Vor diesem Dorf passieren wir die »Kleinste Basilika der Welt«. Danach radeln wir, den Radwegschildern folgend, zurück nach Hausen im Tal.

✔ Nicht versäumen

Viele Sehenswürdigkeiten findet man im ehemaligen Kloster Inzigkofen, das eng mit der Geschichte der Fürstin Amalie Zephyrine verbunden ist. Ihr ist zu verdanken, dass Napoleon bei seiner Umgestaltung das Hohenzollernfürstentum verschont hat. Hier kann man eine interessante Kirche und ein Bauernmuseum mitsamt einem nach alten Vorbildern angelegten Bauerngarten besichtigen. Wer sich mehr für die Natur interessiert, schaut sich die beeindruckenden Grotten, den Amalienfelsen, den romantisch verwilderten Schlosspark mit der Teufelsbrücke und den Lauf der Donau durch dieses kleine Paradies an.

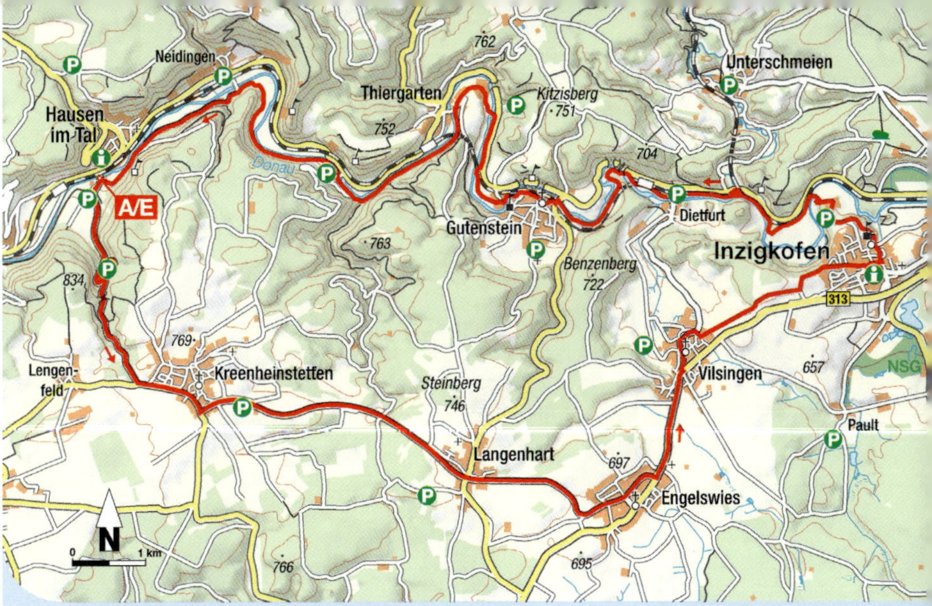

✔ Hier geht's lang

Ausgangs- und Endpunkt: Beuron-Hausen im Tal, Kreenheinstetter Str. 10, GPS: 48.081211, 9.035010

Tourencharakter: Die Radtour verläuft auf asphaltierten Wegen und Landsträßchen. Bezogen auf die Länge der Tour sind die Höhenunterschiede nicht besonders groß.

ÖPNV: Die Anfahrt mit öffentlichen Verkehrsmitteln ist nicht zu empfehlen.

Auto: A81 bis Ausfahrt Empfingen, weiter auf der B463, vorbei an Haigerloch, bis zur B27. Dann über Balingen nach Lautlingen. Dort nach Süden abbiegen und auf der L196 nach Hausen im Tal.

Übernachtung und Einkehr: Restaurant Donauperle, Burgfeldenstr. 16, 72488 Sigmaringen-Gutenstein, www.donauperle.com

Information: www.inzigkofen.de

Blick durch das Durchbruchstal der Oberen Donau. Links im Hintergrund ist Schloss Werenwag zu sehen, rechts neben der Donau der Radweg.

Donau-Radweg

Donau-Radweg

Von Donaueschingen bis Ulm

Die hier beschriebene Radtour beginnt in Donaueschingen, wo aus dem Zusammenfluss von Brigach und Breg die Donau entsteht, und endet in der ehemaligen Reichsstadt Ulm. Dazwischen durchquert man mit dem Durchbruchstal der Oberen Donau den »Schwäbischen Grand Canyon«. Der ADFC hat den Weg mit vier Sternen klassifiziert.

Man beginnt diese traumhafte Radtour in der ehemaligen Residenzstadt Donaueschingen, wo die Donau aus dem Zusammenfluss von Brigach und Breg entsteht. Wo die »richtige« Donauquelle ist – ob hier oder weiter westlich am Brigachursprung bei Furtwangen –, das wollen wir hier nicht vertiefen, immerhin gab es schon viel böses Blut und sogar Gerichtsverhandlungen deswegen. Wer sich für die Geschichte des Streits interessiert, wird im Internet sicher fündig. Man sollte sich aber an die salomonische Entscheidung des Grobgünstigen Narrengerichtes in Stockach halten, das einmal erklärte, es wäre schade, wenn durch ein Gerichtsurteil der Streit beendet werden würde – er wäre doch zu schön!

Die Tour führt über Möhringen und Fridingen, wobei in diesem Abschnitt auch die berühmte Donauversinkung oder Donauversickerung liegt. Dort kann man mit dem richtigen Timing erleben, dass das Flussbett völlig trocken liegt – das Wasser ist in trockenen Zeiten versickert und tritt weiter südlich in der Aachquelle wieder zutage.

Nach Tuttlingen, Fridingen und einem völlig autofreien Stück kommt man nach Beuron. Hier sitzen nicht nur das Naturschutzzentrum und die Verwaltung des Naturparks Obere Donau, sondern es existiert auch ein noch lebendiges Kloster, das sogar eine eigene Kunstrichtung hervorgebracht hat.

Jetzt steigert sich der Landschaftseindruck ins Grandiose – dieser Superlativ erscheint angesichts der dramatischen Felsszenerie im Durchbruchstal der Donau durchaus gerechtfertigt, der Vergleich mit dem Grand Canyon kommt nicht von ungefähr.

Nach weiterer prächtiger Natur und sehenswerten Orten kommt man in die zweite Residenzstadt der Tour: Sigmaringen. Hier residierten einst die Herrscher des Fürstentums Hohenzollern-Sigmaringen. Es blieb dank der Freundschaft der Fürstin Amalie Zephyrine zur Gattin Napoleons von der Auflösung und dem Übergang in eine der verbleibenden größeren Herrschaften, hier das neue Königreich Württemberg, verschont. Interessant ist auch die französische Vergangenheit der Stadt, existierte hier doch während der Zeit des Zweiten Weltkriegs einige Zeit eine französische Exilregierung von deutschen Gnaden unter Marschall Pétain.

Begleitet von Störchen, die in der Gegend noch relativ häufig vorkommen, erreichen wir das sehenswerte Riedlingen. Danach radeln wir weiter nach Ehingen. Hier gibt es nicht nur ein außergewöhnliches Stadtbild zu bewundern, sondern die Stadt hat sich auch der Bierkultur verschrieben – eine Kostprobe des alkoholischen Getränks werden die Radler sicherlich vertragen (Aber Achtung: Auch auf dem Rad gibt es Promillegrenzen!). Schluss der baden-württembergischen Etappe des Donau-Radwegs ist in der ehemaligen Reichsstadt Ulm, deren Münster immer noch den höchsten Kirchturm der Welt besitzt.

Mittel | 203 km | 430 Hm | 4 Tage

Hier geht's lang

Ausgangspunkt: Donaueschingen, Bahnhof GPS: 47.948742, 8.497732

Endpunkt: Ulm, Bahnhof, GPS: 48.399434, 9.983426

Tourencharakter: Die Tour verläuft vorwiegend auf festen Wegen, abschnittsweise auch auf geschotterten. Zwischen Fridingen und Beuron ist man völlig autofrei unterwegs. Dabei verläuft der Weg tendenziell immer bergab, von kurzen Zwischenanstiegen einmal abgesehen.

Information: www.deutsche-donau.de, www.schwaebischealb.de, www.ulm.de, www.ehingen.de, www.sigmaringen.de, www.donaueschingen.de

Blick über die Weinberge zur Wallfahrtskirche Birnau (Tour 21)

Bodensee und Oberschwaben

18 Mittel | 36 km | 270 Hm | 2.40 Std.

Von Riedlingen nach Ehingen

Immer entlang der Donau

Immer wieder begleitet uns die Donau bei dieser Tour, und immer wieder fahren wir durch idyllische Landschaften. Sehenswert sind aber auch die alten Städte und Orte sowie die Kirchen, die wir passieren. Etwas Besonderes sind die Störche, die man vor allem um Riedlingen immer wieder sieht – heutzutage eine Seltenheit.

✔ Darum einzigartig

Man fährt durch eine der schönsten Regionen im nördlichen Oberschwaben, immer wieder entlang der Donau, und findet viele sehenswerte Städte und Orte mit bedeutenden sakralen Bauwerken.

Durch das Donautal Wir rollen ab dem Bahnhof in der Bahnhofstraße kurz nach Süden und biegen dann rechts ab in die Hindenburgstraße. Sie bringt uns vor das Zentrum. Nach der Donau fahren wir in der Haldenstraße hinauf zum Marktplatz. Dort halten wir uns rechts, radeln rechts an der Kirche vorbei, durch das Torhaus und dann in der Zwiefalter Straße hinab zur querenden B312/Zwiefalter Straße. Hier biegen wir links ab. Bald verläuft ein Radweg neben der Straße. Wo nach einem Anstieg links ein Wohngebiet endet und eine Straße abgeht, zweigen wir rechts ab. Nun orientieren wir uns immer an den Radwegschildern des Donau-Radwegs. Wir überqueren die von Daugendorf kommende Straße und fahren danach weiter in den Donauauen, bis es scharf nach links nach Bechingen geht. Dort biegen wir an der Durchgangsstraße rechts ab.

Vor Zell überqueren wir die Donau, danach geht es weiter bis zur querenden B311. Hier halten wir uns links. Der Radweg beginnt erst später links der Straße. Auf ihm kommen wir nach Datthausen. Dort fahren wir nach rechts, überqueren die Bundesstraße und biegen gleich danach links in das schmale Sträßchen nach »Mittenhausen« ein. Dieser Beschilderung folgen wir nun, fahren erst rechts der Bundesstraße und wechseln bald auf ihre linke Seite. Danach geht es hinab nach Mittenhausen. Wir lassen den Weiler links des Sträßchens lie-

Über dem Donautal steht das Kloster Obermarchtal mit seiner prächtigen Barockkirche.

gen und fahren weiter bis Rechtenstein. Dort biegen wir links ab und überqueren die Donau, gleich danach halten wir uns rechts. In der Felswand direkt über der Straße befindet sich die Geisterhöhle, zu der man hochsteigen kann, außerdem haben wir einen schönen Blick zur Burgruine und zur Kirche.

Abstecher in die Klosterherrlichkeit Nach der Donau biegen wir rechts ab und fahren an der Verzweigung links in der Karl-Weiß-Straße, später in der rechts abgehenden Brühlhofstraße weiter. Sie steigt etwas an, später geht es wieder bergab, schließlich knickt sie rechts ab. Wir überqueren die Bahnlinie und biegen gleich nach ihr links ab. Nach rechts haben wir einen schönen Blick auf die Kirchtürme des Klosters Obermarchtal. Wer will, kann einen Abstecher dorthin machen. Man fährt dazu am Sportplatz vorbei und überquert die Donau. Danach hält man sich am besten links zum Wasserkraftwerk. Hier stellt man das Rad ab und steigt auf einer Treppe hinauf zur Klosterkirche, die sich direkt über dem Steilabfall befindet. Danach kehrt man zurück zur Bahnlinie und biegt rechts ab.

Nun radeln wir immer rechts der Gleise. Nach einem Waldstück quert die Große Lauter, die rechts des Weges in die Donau mündet. Links sehen wir mächtige, hell leuchtende Kalkfelsen. Kurz vor Untermarchtal wechselt der Weg auf die linke Seite der Bahngleise. Bald unterqueren wir die B311. Danach zieht der Weg nach links und steigt an bis zur Durchgangsstraße von Untermarchtal. Hier orientieren wir uns links und rollen aus dem Ort hinaus. Nach ihm verläuft rechts des Weges ein Wander- und Radweg. Er führt uns auf die bald sichtbare Frauenkirche zu.

In dem Felsmassiv in Rechtenstein befindet sich die Geisterhöhle.

Nach dieser nehmen wir das rechts abzweigende Sträßchen, das von Kreuzwegstationen flankiert ist und uns nach Munderkingen bringt. Wir fahren bis zur nächsten Querstraße (Brunnenbergstraße), in die wir rechts einbiegen. Vor der Bahnschranke halten wir uns links in die Ehinger Straße. Wer die Tour hier schon beenden will, überquert die Gleise und biegt gleich danach am Kreisverkehr links ab zum Bahnhof. Ins Zentrum fährt man am Kreisverkehr geradeaus weiter.

Abschluss in Ehingen Ansonsten fährt man links der Gleise, biegt links ab in die Straße Am Höhenblick und dann gleich rechts in die Neudorfer Straße. In Neudorf halten wir uns links in Richtung »Stetten«, in Stetten wiederum biegen wir bei der kleinen Kirche rechts ab in die Dettinger Straße. Nun geht es auf einem aussichtsreichen Höhenrücken hinab nach Dettingen. Dort biegen wir an der vorfahrtsberechtigten Rottenacker Straße links ab und kommen zur Biberacher Straße/B465.

Wir zweigen links ab und radeln auf dem Radweg nach Ehingen bis zu einem Kreisverkehr. Hier nehmen wir die Ausfahrt zur »Stadtmitte« und folgen der Biberacher Straße aufwärts. Bald zieht sie als Lindenstraße nach rechts. Danach biegen wir links ab in die Marktstraße, überqueren den Marktplatz und rollen danach in der Bahnhofstraße zum Bahnhof.

✓ Nicht versäumen

Sowohl Riedlingen als auch Ehingen besitzen sehenswerte und mächtige historische Gebäude, denen man den Reichtum des früheren Oberschwaben ansieht. Auch die Kirchen in den Orten sind opulent ausgestattet. Ehingen ist zudem als »Bierstadt« bekannt, sodass man dort auch leiblichen Genüssen frönen kann.

✔ Hier geht's lang

Ausgangspunk: Riedlingen, Bahnhof, GPS: 48.149898, 9.484858

Endpunkt: Ehingen, Bahnhof, GPS: 48.285740, 9.724842

Tourencharakter: Wir fahren auf Sträßchen und Straßen, neben denen oft ein Radweg verläuft, sowie auf geschotterten Feldwegen. Es geht immer wieder etwas bergauf, insgesamt halten sich die Höhenunterschiede jedoch in Grenzen.

ÖPNV: Bahn nach bzw. ab Riedlingen und Ehingen (www.efa-bw.de)

Auto: Da die Bahnverbindungen zwischen den Städten gut sind, kann man auch mit dem Auto anreisen. Empfehlenswert ist es, das Auto am geplanten Endpunkt abzustellen, mit der Bahn zum Start zu fahren und von dort aus zurückzuradeln.

Übernachtung: Gasthof zum Ochsen, Schulgasse 3, 89584 Ehingen an der Donau, www.hotel-zum-ochsen-ehingen.de

Einkehr: Gasthaus & Biergarten Wolfert, Am Stadion 8, 89584 Ehingen an der Donau, www.wolfert-ehingen.de

Information: www.riedlingen.de, www.ehingen.de

19 Mittel | 33,5 km | 160 Hm | 2.30 Std.

Von Bad Wurzach nach Arnach

Seenrunde in Oberschwaben

Moore, Seen und Barock – dafür ist Oberschwaben bekannt. Und das werden wir auf dieser Tour erleben. Das Wurzacher Ried ist eines der bedeutendsten Moorgebiete in Süddeutschland und auch eines der größten Naturschutzgebiete. Wir kommen zudem durch zahlreiche nette kleine Dörfer.

✔ Darum einzigartig

Wir erleben Oberschwaben von seiner schönsten und beliebtesten Seite: mit einem berühmten Moor, Seen und der einen oder anderen barocken Kirche unterwegs.

Großartiger Start im Wurzacher Moor Wir starten am besten am Hallen-/Freibad am nördlichen Ortsende. Hier kann man den Tag später auch ausklingen lassen. Sehr empfehlenswert ist von hier aus außerdem ein Spaziergang ins Moor und zum Riedsee. Den kann man vor oder nach der Tour machen. Man spaziert hierzu links des Bades auf dem mit dem roten Strich markierten Weg nach Norden und hält sich am nächsten Querweg links. Kurz darauf ist man am Riedsee. Man kann hier einen kurzen Rundweg unternehmen oder auf demselben Weg zurückgehen. Ansonsten folgen wir mit dem Rad vor dem Hallen-/Freibad der Straße nach Westen. Sie zieht bald nach links, an der nächsten Querstraße halten wir uns rechts in Richtung »Ravensburg«. An der folgenden Verzweigung nehmen wir den linken Weg in Richtung »Ziegelbach«, gleich darauf zweigen wir aber ohne Wegweiser nach links ab. Es geht im Zickzack kurz hinauf, am nächsten Querweg biegen wir rechts ab und rollen nach Ziegelbach. Durch diesen Ort fahren wir hindurch, zweigen am Ortsende rechts ab und halten uns an der nächsten Kreuzung links nach Rohrbach.

Rohrsee als nächster Höhepunkt Am Ende von Rohrbach orientieren wir uns rechts nach Rohr. Unser Weg führt uns zwar links an diesem Dorf vorbei – man sollte das sehenswerte Arma-Christi-Kreuz rechts der Straße beachten –, wir machen aber einen Abstecher nach rechts zum Rohrsee. Es ist ein idyllisches Gewässer, das von einem Schilfgürtel umgeben ist.

Blick ins herbstliche Wurzacher Ried

Danach radeln wir, eine Landstraße überquerend, in Richtung Weitprechts. Wir treffen auf eine breitere Landstraße, der wir geradeaus folgen. In Weitprechts biegen wir links ab und kommen nach Eintürnenberg, dort zweigen wir rechts der Kirche rechts ab. Vor dem Wald halten wir uns an der Verzweigung rechts.

Durch eine Seenplatte Bald liegen links des Weges der Hasenweiher und der Langwuhrweiher, anschließend der Holzmühleweiher und rechts der Brunner Weiher. Danach kommen wir nach Brunnen, wo wir in der Ansiedlung rechts abbiegen. Wir fahren durch die Wiesen nach Mooshof, wo wir links in die Landstraße K7903 einbiegen. Ihr folgen wir nach Immenried. Hier halten wir uns an der Kirche rechts nach »Rahmhaus«. Dort biegen wir am Ortsende an der Kapelle links ab und rollen bis Arnach. An den ersten Häusern geht es links in die Ratpernoniusstraße, ehe wir uns an der querenden Berngariusstraße links orientieren. Sie geht in die St.-Ulrich-Straße über. Danach fahren wir in der Von-Rom-Straße links an der Kirche vorbei und verlassen den Ort.

Wir folgen der L265, biegen aber kurz danach rechts ab. Vorbei an Weißenbauren kommen wir zur B465 und nach ihr nach Riedlings. Wir fahren geradeaus hindurch bis Bauhofen, hier halten wir uns links in die K7918 und radeln bis

vor den nächsten Hof. Noch vor ihm biegen wir links ab in Richtung »Truschwende«.

Stadtbesichtigung nicht versäumen Bald queren wir das idyllische Herrgottsried und stoßen rechts der Kirche auf dem Heiligkreuzberg auf die querende L314. Wir biegen links ab, fahren rechts an der Heiligkreuzbergkirche vorbei und hinab zur Kirche von Bad Wurzach, die schon von Weitem zu sehen ist. Sie und auch den Rest des Bad Wurzacher Zentrums sollte man sich unbedingt ansehen.

Für die Schlussetappe durch die Stadt halten wir uns links in die Schulstraße, die in die Marktstraße übergeht, rollen am Schloss vorbei und orientieren uns danach nach rechts in die Herrenstraße. Immer nach Norden fahrend, kommen wir nach einer Linkskurve zur Biberacher Straße. Ihr folgen wir nach rechts und sind bald wieder zurück am Ausgangspunkt.

✔ Nicht versäumen

Bad Wurzach mit seinen historischen Gebäuden und der Kirche lohnt eine Besichtigung, vor allem aber das Wurzacher Ried, das größe Hochmoor Europas, sollte man besuchen. Dies geht allerdings nur zu Fuß. Am schönsten ist es dort im Herbst, wenn die Pflanzenwelt um die Seen in leuchtenden Herbstfarben zu glühen scheint.

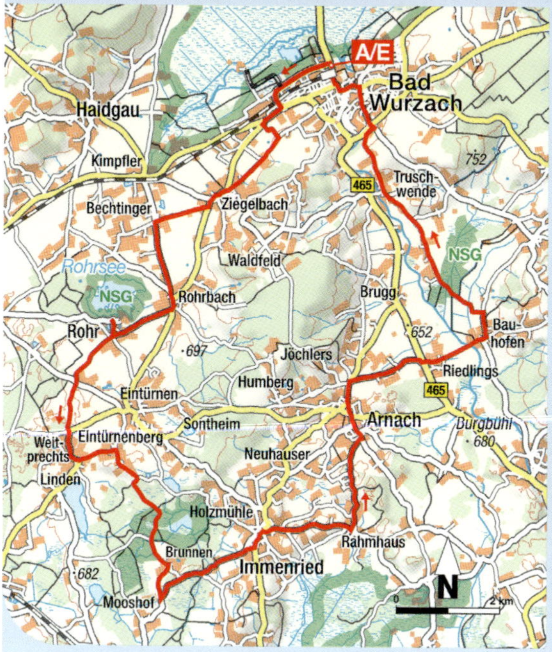

Arma-Christi-Kreuze sind typisch für Oberschwaben.

✔ Hier geht's lang

Ausgangs- und Endpunkt: Bad Wurzach, Hallen-/Freibad, Oberriedstr./ Dr.-Harry-Wiegand-Str., GPS: 47.912428, 9.890126

Tourencharakter: Wir fahren auf ruhigen Nebensträßchen, zeitweise auch auf einem Radweg. Die Tour führt mit leichtem Auf und Ab durch die lebhaft bewegte Landschaft Oberschwabens.

ÖPNV: Für diese Tour ist die Anreise mit öffentlichen Verkehrsmitteln nicht zu empfehlen.

Auto: Von Ulm nach Laupheim, dann auf der B30, vorbei an Biberach, danach auf der B465 bis Bad Wurzach

Übernachtung: Hotel Gasthof Adler, Schloßstr. 8, 88410 Bad Wurzach, www.hotel-adler-bad-wurzach.de

Einkehr: Kurhaus am Schlosspark, 88410 Bad Wurzach, www.kurhaus-badwurzach.de; Hotel Gasthof Adler (s. o.)

Information: www.bad-wurzach.de

20 Leicht | 23,2 km | 60 Hm | 2 Std.

Über Meersburg zu den Pfahlbauten

Großenteils entlang des Sees

Bodensee vom Feinsten, so könnte man diese Radtour beschreiben. Nicht nur, dass man einen Großteil der Tour in Seenähe durchführt, man kommt auch an einigen der großen Sehenswürdigkeiten vorbei: Meersburg, Hagnau und weitere Orte sowie die Pfahlbauten in Unteruhldingen machen den Ausflug zu einem unvergesslichen Erlebnis.

✔ Darum einzigartig

Mit Meersburg und Hagnau berühren wir zwei der schönsten Städte am Bodensee, und mit den Pfahlbauten in Unteruhldingen können wir eines der wichtigsten Museen dort besuchen. Zudem verläuft die Strecke zu großen Teilen entlang des Sees, was auch nicht überall möglich ist.

Durch die Obstbaumlandschaft des Bodenseevorlands Wir fahren am Bahnhof in der Bahnhofstraße nach rechts zur Durchgangsstraße Markdorfer Straße/L328b und rollen auf ihr nach links in den Ort hinein. Am Kreisverkehr radeln wir geradeaus in Richtung »Markdorf« weiter, etwas später am rechts stehenden Rathaus biegen wir links ab in die Holzgasse.

Nun radeln wir aus dem Ort hinaus und immer auf dem Sträßchen bleibend durch eine idyllische Landschaft mit Obstbaumplantagen und Wiesen. Bei der links liegenden Ansiedlung Leiwiesen halten wir uns links und fahren geradeaus weiter, treffen aber später wieder auf die Landstraße. Wo rechts ein Haus im klassischen Stil (Hohenwald) steht, biegen wir mit dem Wanderschild nach »Ittenhausen« links ab. An der Kreuzung mit der vorfahrtsberechtigten Straße noch vor Ittenhausen halten wir uns links.

Kurz danach durchqueren wir Reute und fahren bis kurz vor Kippenhausen. Dort biegen wir an einem Flurkreuz scharf rechts ab in Richtung »Frenkenbach Hagnau«. Nach einer scharfen Links-, dann einer Rechtskurve kommen wir nach Frenkenbach mit seiner spätromanischen Kirche.

Ein Hafen mit bunten Segelbooten ist immer ein Erlebnis.

Von Hagnau am Ufer entlang nach Meersburg Wir fahren links an der markanten Kirche vorbei, halten uns an der nächsten Querstraße links und gelangen in der Frenkenbacher Straße hinab nach Hagnau. Dort biegen wir rechts in die Hauptstraße ab. Man sollte den sehenswerten Ort aber nicht nur einfach durchfahren, sondern sich die Kirche und seine alte Bausubstanz ansehen.

Wo von rechts die Ittendorfer Straße einmündet, biegen wir links ab in die Dr.-Fritz-Zimmermann-Straße und kommen nach einem Rechts-links-Knick zur Seestraße. Wir halten uns mit den Radwegschildern rechts. Sie geht bald in die Meersburger Straße über und führt uns in Ufernähe auf Meersburg zu. Dort geht sie in die Uferpromenade, dann in die Unterstadtstraße über und bringt uns zum Bismarckplatz.

Hier empfiehlt sich nach rechts ein Abstecher durch die Steigstraße in das sehenswerte Zentrum, zur Burg und zum Schloss von Meersburg. Es steigt zwar an und im Zentrum sollten wir das Rad schieben, aber es lohnt sich. Danach kehren wir wieder zurück.

Abstecher zu den Pfahlbauten Nach dem Bismarckplatz treffen wir auf die Stettener Straße, hier fahren wir geradeaus in der Unteruhldinger Straße weiter. Wir ignorieren den Abzweig zur Fähre nach Konstanz und radeln wieder am Ufer entlang. In Unteruhldingen geht die Straße in die Meersburger Straße über. Wo sie nach rechts zieht, zweigen wir links in die Seestraße ab und fahren immer geradeaus weiter. Wir kommen am Hafen vorbei, danach nennt sie

Zu den berühmtesten Sehenswürdigkeiten am Bodensee gehören die Pfahlbauten in Unteruhldingen.

sich Seefelder Straße. Nun geht es an den links liegenden Pfahlbauten vorbei. Hat man noch Zeit, ist auch hier eine Besichtigung zu empfehlen.

Nach den letzten Häusern zweigen wir links ab in den Geh- und Radweg in Richtung »Seefelden«. An der nächsten querenden Straße können wir nach links einen Abstecher zu dieser reizvollen Ansiedlung machen. Die Kirche geht auf die Hochromanik zurück und bildet mit den sie umgebenden Häusern aus dem 18. Jahrhundert wie dem Fischerhaus, einem prächtigen Fachwerkhaus, dem Mesnerhaus mit Back- und Ofenhaus und dem Pfarrhof ein reizvolles Ensemble.

Danach fahren wir auf dem Sträßchen zurück. Es zieht nach links und mündet in die Landstraße L201 ein. Hier biegen wir rechts ab und unterqueren die B31; ab jetzt ist auf den Schildern »Oberuhldingen« und das Bahnhofssymbol angezeigt. Die Überlinger Straße und danach die Bahnhofstraße bringen uns zum Bahnhof Uhldingen-Mühlhofen.

✔ Nicht versäumen

Besonders sehenswert auf dieser Tour ist Meersburg, eine der Stadtperlen rings um den Bodensee; hier alleine könnte man mehr als einen Tag verbringen. Am schönsten ist es sicherlich, man lässt sich einfach durch die alten Gassen mit den blumengeschmückten historischen Häusern treiben. Will man sich eine Sehenswürdigkeit genauer ansehen, wird eine Besichtigung der Burg empfohlen.

✔ Hier geht's lang

Ausgangspunkt: Friedrichshafen-Kluftern, Bahnhof, GPS: 47.688184, 9.409482

Endpunkt: Uhldingen-Mühlhofen, Bahnhof, GPS: 47.736701, 9.249151

Tourencharakter: Wir fahren auf Sträßchen, Radwegen und festen Wegen. Wo Radfahren nicht erlaubt ist, müssen wir kurzfristig schieben. Die Strecke verläuft meist eben.

ÖPNV: Sowohl Friedrichshafen-Kluftern als auch Uhldingen-Mühlhofen sind mit der Bahn erreichbar (www.efa-bw.de).

Auto: Wer mit dem Auto anreist, parkt am besten an seinem gewünschten Endpunkt und fährt von dort aus mit der Bahn zum anderen Bahnhof. Von dort geht es dann mit dem Rad zurück zum Auto.

Übernachtung: Bodenseehostel/Hofgut Stefan, Aachstr. 25a, 88690 Uhldingen-Mühlhofen, www.hofgut-stefan.de; Gasthaus Seeblick G***, Seestr. 11, 88709 Hagnau, www.seeblick-hagnau.de

Einkehr: Gasthaus Seeblick G*** (s. o.)

Information: www.meersburg.de, www.pfahlbauten.de

21 Mittel | 41,5 km | 280 Hm | 2.30 Std.

Von Konstanz zur Reichenau

Konstanz, Mainau und bei Bedarf noch mehr

Der erste, gemütlichere Teil dieser Tour führt von Konstanz aus entlang des Nordufers des Bodanrücks am Übersee entlang. Obwohl wir immer in Ufernähe sind, geht es leicht auf und ab. Unterwegs kann man der »Blumeninsel« Mainau einen Besuch abstatten. Wer will, überquert noch den Bodanrück und erkundet die Halbinsel Reichenau.

✔ Darum einzigartig

Diese Tour verbindet die sehenswerte Stadt Konstanz, die »Blumeninsel« Mainau und die »Gemüseinsel« Reichenau mit einer Fahrt entlang des Sees mit Bademöglichkeiten.

Die Qual der Wahl Bei dieser Radtour am Fuß oder über den Bodanrück hat man drei Möglichkeiten, je nach Vorlieben und Kondition. Man kann einerseits unterwegs umdrehen und zurückfahren, von wo man will, spätestens in Wallhausen (leicht, hin und zurück 32,2 km, 40 Hm, 2 Std.). Die andere Variante ist, dass man den Bodanrück überquert und über Dettingen und Wollmatingen zum Bahnhof Reichenau fährt, dies bringt allerdings einen Anstieg mit sich (mittel, 26 km, 210 Hm, 1.40 Std.). Von dort – und diese längste Variante wird im Folgenden beschrieben – ist vor der Rückfahrt auch noch ein Abstecher über die »Gemüseinsel« Reichenau mit ihren sehenswerten Kirchen möglich.

Am See entlang und vorbei an der Insel Mainau Vom Bahnhofplatz in Konstanz aus fahren wir auf der Bahnhofstraße, die dann zur Konzilstraße wird, nach Norden. Links sehen wir das historische Zentrum, in das man jetzt oder, wenn man auf demselben Weg zurückkehren will, nach der Tour einen Abstecher machen kann. Danach überqueren wir auf der Brücke Sternenplatz den Rhein. Anschließend folgen wir kurz der Mainaustraße, dann zweigen wir in Richtung »Dettingen« links ab in die Theodor-Heuss-Straße. Etwas später orientieren wir uns rechts in die Allmannsdorfer Straße in Richtung »Mainau«. An einer Ampel halten wir uns links, wieder in die Mainaustraße. Bald zwei-

Im Hafen von Wallhausen

gen wir rechts ab in die Hermann-von-Vicari-Straße. Nun rollen wir zwischen Wohnhäusern, Wald und Feuchtgebieten weiter.

Später geht es in der Lindauer Straße weiter, die bald einen Linksknick beschreibt. An der querenden Fischerstraße halten wir uns kurz rechts, dann radeln wir links in der Straße Felchengang weiter bis zur Schiffstraße. Hier sehen wir rechts den Fährhafen, wir halten uns aber links und biegen gleich darauf rechts ab in die Hoheneggstraße.

In Egg orientieren wir uns links in die querende Bachgasse, dann an der kleinen Kapelle und dem Fischerbrunnen gleich rechts in die Mainaustraße. Am Parkplatz fahren wir geradeaus in der Graf-Lennart-Bernadotte-Allee weiter. Auf ihr rollen wir nun ohne Verkehr bis zu den Mainauparkplätzen. Wer die »Blumeninsel« besuchen will, macht dies von hier aus.

Bodensee, Strandbad und Bootshafen Danach folgen wir auf der anderen Straßenseite dem Geh- und Radweg bis zu einer Verzweigung vor Litzelstetten. Dort halten wir uns rechts. Nach dem Campingplatz, wo links die Großherzog-Friedrich-Straße hochführt, biegen wir rechts ab in die Straße Am See. An der querenden Straße Holdersteig halten wir uns rechts. Hier liegt auch das Strandbad.

Blick über den Bodensee

Nun radeln wir auf einem Geh- und Radweg unweit des Ufers bis Dingelsdorf. Im Ort fahren wir in der Fließhornstraße zu einem prächtigen Fachwerkhaus; dort biegen wir rechts ab zu einem kleinen Platz. Hier stehen das Haus See Mühle und links ein Gefallenendenkmal. Wir rollen in der Straße Zur Mühle geradeaus weiter in Richtung »Wallhausen«. Wo gleich darauf die Straße Zur Halde rechts abgeht, halten wir uns links, dann gleich wieder rechts in die Straße Zum Klausenhorn. An einer Verzweigung folgen wir der linken Hornwiesenstraße. Bald verlassen wir den Ort und fahren durch eine schöne Birkenallee. Nach den Parkplätzen und dem Campingplatz zieht der Weg nach links zur Landstraße und zum Strandbad. Nach rechts kommen wir nach Wallhausen. Spätestens jetzt kehrt man um, wenn man auf demselben Weg zurückfahren will.

Über den Bodanrück Ansonsten radeln wir nach Wallhausen hinein und folgen dort der Straße Richtung Dettingen nach links. Es steigt an, wobei wir anfangs einen schönen Blick zurück haben.

In Dettingen orientieren wir uns an den Wegweisern nach »Konstanz«. Nach dem Ort rollen wir auf einem Radweg neben der L220 bis zu einem Kreisverkehr. Hier halten wir uns rechts in die L221, nehmen aber den links der Straße verlaufenden Radweg, der kurz darauf nach links zieht und steil hinab nach Wollmatingen führt. Dort halten wir uns an der Radolfzeller Straße links. Bei

Am Strand der Halbinsel Reichenau

Kirche St. Peter und Paul in Reichenau-Niederzell

der Kirche zweigen wir rechts ab in die Straße Engelsteig, die in die Kindlebildstraße mündet. Ihr folgen wir nach rechts bis zur Bahnstation von Reichenau (Baden), wo wir die Tour ebenfalls beenden könnten.

Abstecher zur Reichenau Wer aber möchte, fährt jetzt vor der Rückfahrt noch geradeaus weiter, überquert die B33 und kommt auf die Halbinsel Reichenau. Hier kann man drei sehenswerte Kirchen besichtigen, sieht einige prächtige Häuser und kann auch an den See gelangen. Danach fährt man wieder zurück zum Bahnhof.

✔ Nicht versäumen

Wem der Rummel an schönen Tagen nichts ausmacht, der sollte unbedingt die »Blumeninsel« Mainau besichtigen. Auch ohne große Strecken zu gehen, kann man dort zwischen den Blumen herrlich relaxen. Einkehren ist ebenfalls möglich. Ruhiger geht es auf der Insel Reichenau zu. Freunde alter Kirchenkunst finden hier in den drei historischen Kirchen viel Sehenswertes vor, das eine Besichtigung lohnt.

Entlang des Sees kann man gemütlich radeln.

✔ Hier geht's lang

Ausgangspunkt: Konstanz, Bahnhof, Bahnhofsplatz, GPS: 47.659135, 9.176946

Endpunkt: Wollmatingen, Bahnhof Reichenau (Baden), GPS: 47.689118, 9.125332

Tourencharakter: Wir fahren auf Sträßchen und Radwegen. Wer über den Bodanrück fährt, den erwartet eine Steigung, nur am See entlang bis Wallhausen verläuft die Tour eben.

ÖPNV: Es gibt Bahnverbindungen nach Konstanz und zum Bahnhof Reichenau (www.efa-bw.de).

Auto: Wer mit dem Auto anreisen möchte, fährt am besten bis zum Bahnhof in Wollmatingen und von dort aus mit der Bahn nach Konstanz. Dadurch ist man aber gezwungen, auch die Strecke mit der Steigung zurück nach Wollmatingen zu fahren.

Übernachtung: Ganter Hotel & Restaurant Mohren, Pirminstr. 141, 78479 Reichenau, www.mohren-bodensee.de

Einkehr: Terrasse, Thingoltstr. 46, 78465 Konstanz-Dingelsdorf, www.terrasse-dingelsdorf.de; Ganter Hotel & Restaurant Mohren (s. o.)

Information: www.konstanz.de, www.mainau.de, www.reichenau.de

Bodensee-Radweg

Hat man Seeblick, ist die Tour gleich noch einmal so schön.

Bodensee-Radweg

Rund um das »Schwäbische Meer«

»1 See, 2 Räder und 3 Länder – Auf zwei Rädern erleben Sie den Bodensee am schönsten.« Mit diesen Worten machen die Touristiker Lust auf eine Bodenseeumrundung. Und tatsächlich ist diese Tour ideal, um den See in allen Facetten zu erleben.

Empfohlen für die Umrundung werden zwei Varianten. Macht man es in fünf Etappen, hat man etwa 50 Kilometer am Tag vor sich – eine mäßige Strecke, zumal sich ja auch die Höhenunterschiede in Grenzen halten:

- Konstanz – Überlingen
- Überlingen – Lindau
- Lindau – Romanshorn
- Romanshorn – Stein am Rhein
- Stein am Rhein – Konstanz

Wie man sieht, ist das schweizerische Stein am Rhein ein beliebtes Ziel für Radler.

Wer sich allerdings doch gerne ein wenig mehr Zeit lassen möchte, um sich die vielen Attraktionen unterwegs genauer anzusehen, längere Pausen und vielleicht auch einen Badeaufenthalt einzulegen, der entscheidet sich für acht Etappen. Damit sind pro Tag nur 30 bis 40 Kilometer zu bewältigen, eine ausgesprochen gemütliche Sache also:

- Konstanz – Überlingen
- Überlingen – Friedrichshafen
- Friedrichshafen – Lindau
- Lindau – Rorschach
- Rorschach – Konstanz
- Konstanz – Stein am Rhein
- Stein am Rhein – Radolfzell
- Radolfzell – Konstanz

Eine Aufzählung der Highlights rund um den See ist ein fast unmögliches Unterfangen, trotzdem soll es versucht werden: Der Ausgangspunkt, die »Konzilstadt« Konstanz, ist bereits die erste Attraktion der Tour. Danach folgt die Blumeninsel Mainau, die man auch nicht unbeachtet liegen lassen sollte. Über Ludwigshafen radelt man dann nach Überlingen. Die nächsten sehenswerten Punkte sind das Pfahlbaumuseum in Unteruhldingen, Meersburg, Hagnau und Friedrichshafen. Eriskirch mit seinem berühmten Ried, das heimelige Wasserburg und natürlich die Inselstadt Lindau folgen. Über die Hauptstadt des österreichischen Vorarlberg Bregenz kommen wir dann in die Schweiz. Dort warten Rorschach, Arbon und Romanshorn. Hier kann man wieder nach Konstanz übersetzen oder am Ufer entlang bis zum sehenswerten Stein am Rhein radeln. Jetzt führt die Fahrt wieder auf der deutschen Seite weiter. Man umrundet die Künstler-Halbinsel Höri und gelangt nach Radolfzell. Auf der Rückfahrt nach Konstanz ist noch ein Abstecher zur »Gemüseinsel« Reichenau möglich.

Leicht | 259 km | 670 Hm | 5 bis 8 Tage

✔ Hier geht's lang

Ausgangs- und Endpunkt: Konstanz, Bahnhof, GPS: 47.658977, 9.176939; man kann die Umrundung aber natürlich auch an jedem anderen beliebigen Ort beginnen und enden lassen. Möchte man nur auf der deutschen Seite von Konstanz nach Lindau fahren, sind es 104 Kilometer und 450 Höhenmeter, die man in zwei bis drei Tagen gemütlich bewältigen kann.

Tourencharakter: Der Weg verläuft überwiegend auf Asphalt, geringe Teile auf Schotter. Gaststätten, Einkaufs- und Übernachtungsmöglichkeiten gibt es jede Menge, wobei es sicher besser ist, vor allem in der Hauptsaison, seine Übernachtungen im Voraus zu organisieren.

Informationen: www.bodensee-radweg.de; Informationen über Gepäcktransport: www.bodensee-radweg.com/gepaecktransport

Blick von Schloss Staufenberg bei Durbach über die Weinberge der Ortenau (Tour 23)

Zwischen Schwarzwald Â und Rhein

22 Mittel | 37 km | 20 Hm | 2.30 Std.

Von Plittersdorf nach Rastatt

Schlösser und Altrheinarme

Bei dieser Radtour kommen sowohl Naturfreunde als auch Kulturliebhaber auf ihre Kosten. Am Anfang und am Schluss des Ausflugs radeln wir an den idyllischen Altrheinarmen bei Plittersdorf vorbei, während in Rastatt mit dem Schloss und dem sehenswerten Zentrum sowie auch im Schloss Favorite jede Menge Kultur wartet.

✔ Darum einzigartig

Außer der besonderen Atmosphäre in der Auenlandschaft des Rheins mit der prächtigen Natur in den Altrheinarmen erfreuen wir uns an zwei barocken Schlössern und einem alten Fischerboot, das stimmungsvoll im Wasser liegt und uns an frühere Zeiten erinnert.

Rhein und Altrheinarme Wir fahren zu der Brücke, die die Altrheinarme überspannt, und rollen an ihrer Nordseite am Wasser entlang. An der Linkskurve zweigen wir rechts ab ins Wohngebiet und halten uns an der Verzweigung gleich darauf rechts in die Lange Straße. Auf ihr verlassen wir den Ort. Am Ortsende fahren wir noch kurz geradeaus weiter und biegen nach dem Wäldchen links ab.

Wir radeln bis zu einem Kanal, biegen hinter ihm rechts ab und kommen zur Landstraße. Hier halten wir uns links und fahren bis zur Murg. Wir überqueren sie, orientieren uns dann rechts und rollen nun neben dem Kanal in Richtung Rastatt.

Durchs sehenswerte Rastatt In Rastatt geht es nach der zweiten Murgbrücke links vom Damm weiter bis zur nächsten Brücke und einer Ampelanlage. Hinter dieser nehmen wir die Kaiserstraße, die nach links in Richtung »Rathaus« zieht. Bald kommen wir am Rathaus vorbei, danach können wir nach links einen Abstecher zum bereits sichtbaren Schloss machen.

Ansonsten führt uns unser Weiterweg an dieser Querstraße nach rechts. Wir überqueren die Murg und radeln bis zu einer Ampel, hinter ihr biegen wir links ab in den Leopoldring. Wir kommen am Hallenbad vorbei, nach der nächsten

Die Altrheinarme bieten ein romantisches Bild.

großen Kreuzung geht es in der Lützower Straße weiter. Danach halten wir uns in der Ludwigstraße links, an der querenden Karlstraße ebenfalls und biegen dann rechts ab in die Jahnallee, die uns nach der Bahnlinie zum Schwimmbad bringt.

Eine weitere Möglichkeit wäre, dass man am Schloss der Herrenstraße folgt und gegebenenfalls das Rad schiebt. Man überquert die Murg auf dem Rohrersteg, hält sich danach links in die Kanalstraße und kommt zur Karlstraße. Etwas nach rechts versetzt fährt man durch die Jahnallee zum Schwimmbad.

Weiter übers Schloss Favorite Hier sind beide Varianten wieder gleich. Wir biegen am Schwimmbad rechts ab, nun radeln wir immer parallel zur Murg nach Kuppenheim. Dort weist uns das Radschild nach rechts zum »Schloss Favorite«. Wir treffen auf die querende Favoritestraße und fahren auf ihr bis zum Schloss Favorite.

Nach der Schlossanlage rollen wir nach rechts über den Parkplatz bis zur Straße nach Förch. In diese biegen wir links ein, zweigen aber gleich darauf rechts ab. Nach einem Rechts-links-Knick treffen wir auf einen querenden Feldweg, der uns nach links nach Haueneberstein bringt. Wir radeln in den Ort hinein und biegen in der Bahnhofstraße rechts ab. Sie bringt uns zur Stadtbahn-Station. Wir unterqueren die Gleise rechts davon und fahren auf dem Sträßchen nach Sandweier. Im Ort zweigen wir links in die vorfahrtsberechtigte Mühlstraße ab, halten uns gleich rechts in die Nordendstraße und kommen zur Durchgangsstraße Sandweirer Straße. Dort halten wir uns links, danach rechts in die Riederstraße.

Das Schloss in Rastatt ist eine prächtige Barockanlage.

Baggersee, Badestrand und ein altes Fischerboot Nach der rechts einmündenden Straße Nordring und dem großen Flurkreuz geht es im Pflugweg weiter, danach in der Grenzstraße bis vor die Autobahn. Wir fahren nach links hoch, überqueren sie in Richtung »Badestrand« und halten uns danach rechts. Die Straße knickt gleich links ab und bringt uns zum Baggersee und zum Strandbad. Nach ihm fahren wir auf einem holprigen Waldweg bis zur L75, kurz hinter ihr biegen wir vor dem eingezäunten Grundstück links ab und radeln nach Iffezheim.

Durch diesen Ort rollen wir nach rechts geradeaus durch und behalten immer unsere Richtung bei, bis wir nach der querenden L78a schließlich am Rhein sind. Hier radeln wir rechts weiter. Nach der großen Rheinbrücke, die wir nicht überqueren, nehmen wir an der Verzweigung den rechten Weg, nun fahren wir auf dem Hochwasserdamm weiter. Wir überqueren Altrheingewässer; in einem sehen wir links den Aalschokker »Heini«. Er erinnert an die Aalschokkerfischerei, die hier von 1929 bis 1989 betrieben wurde und bis zu 22 Fischern zwischen Kehl und Mannheim Arbeit gab.

An der Kreuzung danach haben wir zwei Möglichkeiten. Wer sich links hält, fährt am Rhein entlang bis zu der Straße, die nach rechts nach Plittersdorf führt. Wer auf dem Damm geradeaus weiterfährt, kommt kurz vor Plittersdorf an idyllischen Altrheinarmen vorbei.

✔ Nicht versäumen

Das Schloss Favorite zeigt eine bemerkenswerte Fassade, besitzt eine prächtige Barockausstattung und eine große Porzellansammlung. Es liegt in einem ausgedehnten im englischen Stil angelegten Park mit wunderbarer, aber »gezähmter« Natur mit großen Skulpturen, markanten Bäumen, Gehölzen, Weihern und Bächen.

In einem stillen Altrheinarm liegt der Aalschokker Heini.

✔ Hier geht's lang

Ausgangs- und Endpunkt: Plittersdorf, Sportplatz in Richtung Rhein, Fährstr., GPS: 48.885793, 8.145743. Weitere Parkmöglichkeiten gibt es im Ortskern, am Sportplatz oder am Rhein.

Tourencharakter: Wir fahren auf festen Feldwegen und Sträßchen. Wo Radfahren verboten ist, müssen wir schieben. Da die Tour in der Rheinebene stattfindet, radeln wir fast völlig im Flachen.

ÖPNV: Bahn bis Rastatt oder Haueneberstein (www.efa-bw.de)

Auto: A5 bis Ausfahrt Rastatt-Nord, dann B46, danach auf der L77a rechts an Rastatt vorbei, später auf der L77 nach Plittersdorf

Übernachtung: Hôtel de Charme »Zum Schiff«, Hauptstr. 60, 76473 Iffezheim, www.hotel-de-charme.de

Einkehr: Gasthaus Sternen »Zum Bärle«, Hauptstr. 33, 76473 Iffezheim, www.gasthaus-sternen-zum-baerle.eatbu.com

Information: www.rastatt.de

23 ● Schwer | 41,7 km | 290 Hm | 3.10 Std.

Durch Weinberge zum Schloss Staufenberg

Steiler Start, dann im Flachen weiter

Die schönsten Abschnitte dieser Tour am Rande des Schwarzwaldes sind sicherlich diejenigen um Durbach, wo wir durch Weinberge fahren und das Schloss Staufenberg aufsuchen. Von ihm aus haben wir herrliche Blicke hinab ins Tal. Aber auch die anderen Orte unterwegs haben einiges an schöner, alter Bausubstanz zu bieten.

✓ Darum einzigartig

Die Tour führt durch eine herrliche Weinberglandschaft, zu der wir teilweise von oben eine wunderbare Aussicht haben. Neben Schloss Staufenberg gibt es vor allem in Durbach einiges zu sehen.

Immer wieder führt die Tour an alten Fachwerkhäusern vorbei.

Start im Renchtal Wir starten bei den Sportplätzen zwischen der Bahnlinie und der Rench. Dann fahren wir nach Süden, überqueren die Rench, halten uns danach in der Butschbacher Straße rechts und folgen ihr kurz darauf nach links. An der nächsten querenden Landstraße biegen wir links ab und kommen auch schon bald nach Bottenau. Nach diesem Dorf steigt es steil an bis zu einer kleinen Kapelle auf der Passhöhe.

Nun geht es in rasanter Fahrt hinab. In Heimbach biegen wir rechts ab und fahren etwas aufwärts zum Schloss Staufenberg. Hier kann man nicht nur die Aussicht genießen, sondern auch einkehren. Von ihm aus rollen wir hinab nach Durbach.

Sehenswertes Durbach Dort biegen wir rechts ab und fahren durch den lang gestreckten Ort hindurch bis Untermeiler, wo wir rechts abzweigen, um nach Ebersweier zu gelangen. Nun geht es weiter nach

Blick über die Weinberge der Ortenau zum Schloss Staufenberg. Im Hintergrund sieht man die Rheinebene.

Windschläg; wir unterqueren die Bahnlinie und die B3, dann durchfahren wir den Ort nach Griesheim.

In Griesheim biegen wir an der vorfahrtsberechtigten Straße rechts ab, zweigen aber an der Rechtskurve gleich darauf mit dem nach »Sand« weisenden Radwegschild links ab. Vor der Kinzig biegen wir rechts ab und folgen ihr bis Willstätt. Dort überqueren wir den Fluss und fahren in den Ort bis zum links stehenden Rathaus, wo wir auch einen schönen Blick auf die Barockkirche haben. Wir halten uns rechts und fahren aus Willstätt hinaus. Nach der B28 kommen wir zum Ortsanfang von Sand. Wir biegen links ab, rollen auf die Kirche zu und biegen vor ihr rechts ab (Rathausplatz). An der nächsten Straße orientieren wir uns links und zweigen gleich darauf rechts ab in die Eichhofstraße; das Radwegschild weist nach »Urloffen«.

Auf der Passhöhe können wir uns bei einer kleinen Kapelle erholen.

Durch die herrliche Ortenau Nach einer Fahrt durch die Wiesen und Felder treffen wir auf eine querende Landstraße, die uns nach rechts nach Urloffen bringt. Hier halten wir uns an der querenden Landstraße links, gleich darauf rechts in die Straßburger Straße. Wir treffen auf die Bahnlinie, die wir etwas nach links versetzt unterqueren. Danach geht es im Holzweg, der später zum Griesenrain wird, weiter bis zu der Kirche von Zimmern.

Nun radeln wir links der Kirche weiter, am Schluss mit einem scharfen Links-rechts-Knick nach Zusenhofen. Hier biegen wir an der vorfahrtsberechtigten Straße rechts ab, an der nächsten noch einmal. Es geht an der Kirche vorbei, nach dem Rathaus und dem schönen Feldkreuz orientieren wir uns mit dem Radwegschild nach »Oberkirch« links. Wir überqueren kurz danach eine Straße, dann verlassen wir in der Steinstraße den Ort. Vor einer Gärtnerei biegen wir links ab nach »Müllen«, der nächsten Ansiedlung. Hier halten wir uns mit dem Radwegschild rechts und radeln entlang der Rench zurück nach Oberkirch.

✓ Nicht versäumen

Oberkirch ist nicht nur Europas »Hauptstadt der Schnapsbrenner«, sondern besitzt auch zahlreiche sehenswerte Baulichkeiten wie das Amtshaus, das Alte Spital, die alten Fachwerkhäuser im Gerberviertel und einen Rest der Stadtmauer.

✔ Hier geht's lang

Ausgangs- und Endpunkt: Oberkirch, Renchallee, bei den Sportplätzen, GPS: 48.529219, 8.073444

Tourencharakter: Wir fahren auf festen Feldwegen, Radwegen und Landstraßen. Der steilste Teil der Tour erwartet uns gleich zu Anfang, dahinter geht es moderat weiter. Angesichts der Kilometerzahl halten sich die Höhenmeter jedoch insgesamt in Grenzen.

ÖPNV: Bahn bis Oberkirch (www.efa-bw.de)

Auto: A5 bis Ausfahrt Appenweier, dann B28 bis Oberkirch

Übernachtung: Gasthof Pfauen, Josef-Geldreich-Str. 18, 77704 Oberkirch, www.gasthof-pfauen.de

Einkehr: Schloss Staufenberg, Durbach, www.schloss-staufenberg.de; Gasthof Pfauen (s. o.)

Information: www.oberkirch.de, www.durbach.de

24 ● Schwer 36,8 km 350 Hm 3 Std.

Von Riegel nach Vogtsburg

Durch den nördlichen Kaiserstuhl

Durch den Wald, entlang blühender Obstbaumwiesen und zwischen Weinbergen mit atemberaubenden Rebterrassen radeln wir bei dieser Tour am Rand des Kaiserstuhls. Immer wieder bieten sich uns herrliche Aussichten in die Rheinebene, auf den Schwarzwald und zu den Vogesen – und einkehren kann man in der Weingegend natürlich auch.

✔ Darum einzigartig

Etwas Besonderes ist nicht nur die außergewöhnliche Weinberglandschaft des Kaiserstuhls, sondern auch die verschiedenen Orte sind sehenswert. Allen voran zählen Riegel und Endingen zu den schönsten der Gegend.

Start im sehenswerten Riegel Wir fahren vom Bahnhof zur südlich verlaufenden Römerstraße, wo sich auch ein Parkplatz befindet. Hier starten die Autofahrer. Nun rollen wir in der Kirchstraße – vorbei an der Kirche, auf der man die Storchennester und die wahrscheinlich um sie herumkreisenden Störche beachten sollte – nach Süden bis zur querenden Hauptstraße. Ihr folgen wir nach rechts, dann gleich nach links. Sie bringt uns zum Ortsende, wo wir uns vor der L116 links halten. Nun rollen wir aus dem Ort hinaus und nach Süden, bis in einer leichten Rechtskurve links der Kaiserstuhl-Radweg abzweigt. Wir queren die Bahnlinie und rollen immer geradeaus. Vor Bahlingen fahren wir nach rechts über die Gleise und dann nach links in der Bahnhofstraße weiter. Sie knickt rechts ab (nach links führt sie als Lilienstraße weiter) und bringt uns zur Hauptstraße. Wir halten uns links und rollen etwas südwärts, dann orientieren wir uns in einer Linkskurve rechts in die Eichstetter Straße, die uns als L116 aus Bahlingen hinausführt.

Entlang des Kaiserstuhls Etwas später können wir in den links der Straße weiterführenden Radweg wechseln. Vor Eichstetten nehmen wir wieder die Straße und fahren bis zur querenden Hauptstraße. Wir halten uns links und nach der Kirche rechts in die Bötzinger Straße. Bald danach zweigen wir links

Auch in Eichstetten passieren wir alte Fachwerkgehöfte.

ab in die Straße Mühlmatten. Gleich nach dem Mühlbach biegen wir rechts ab und rollen nun mit einigen Windungen bis zur querenden K4977/Neuershauser Straße. Auf ihr fahren wir nach rechts nach Bötzingen.

Über den Pass Dort folgen wir der Hauptstraße nach links, bis rechts die Bergstraße, später L115, abgeht. Wie schon der Name sagt, steigt es nun an – wir fahren hinauf zum Vogelsangpass, danach hinab nach Altvogtsburg. Vor diesem Ort können wir links der Landstraße radeln, nach Altvogtsburg zweigen wir rechts ab und rollen rechts der Landstraße hinab bis vor Oberbergen. Hier fahren wir nach links zur Badbergstraße und auf ihr am Ortsrand entlang nach Oberrotweil. Kunstfreunde können von hier aus einen kurzen Abstecher zum sehenswerten Altar in Niederrotweil machen.

Zwischen Weinbergen radeln In Oberrotweil jedoch geht es geradeaus in der Hauptstraße weiter. Sie geht in die Bahnhofstraße über. Von ihr biegen wir rechts ab in die Eichbergstraße/K4923. An der Verzweigung halten wir uns rechts in die Kaiserstuhlstraße und kommen hinein nach Bischoffingen. An der Bergstraße orientieren wir uns links, dann gleich rechts in die Brunngasse. Ihr folgen wir durch die Weinberge nach Kiechlinsbergen, zweimal mit einer ausgeprägten u-förmigen Linkskurve. Dort bringt uns der Bischoffinger Weg zur querenden Winterstraße. Wir halten uns links, sie geht in die Königschaffhauser Straße über und führt uns später als Kiechlinsbergerstraße durch Königschaffhausen. Nach einiger Zeit geht sie in die Endinger Straße über.

Endingen mit seinem prächtigen Marktplatz bietet sich zu einer Rast an.

Wir biegen links ab in die Bahnhofstraße, die nach den Gleisen nach rechts zieht. Nach dem Ort zweigen wir an der Linkskurve rechts ab in den Königsweg. Vor den Sportplätzen halten wir uns rechts, dann am zweiten Weg nach den Sportplätzen links (Radweg Rheintal-Weg). Bald stoßen wir auf die Wyhler Straße/L113. Wir biegen rechts, dann gleich wieder rechts in die L105 ab.

Prächtiges Ortsbild in Endingen Am Kreisverkehr folgen wir der Königschaffhauser Straße nach links nach Endingen. Wir fahren, später in der Hauptstraße, durch das Zentrum hindurch; hier lohnt sich eine Rast, um das sehenswerte Gebäudeensemble um den Marktplatz und vielleicht die Madonnenfigur, ein Wallfahrtsziel, in der Kirche zu besichtigen.

Die Riegeler Straße bringt uns zu einem Kreisverkehr, wo wir links in die Kenzinger Straße, dann gleich rechts in die Lichteneckstraße abbiegen. Wir rollen bis zu einem Querweg, biegen rechts ab zur Endinger Straße und kommen nach links zu einem Kreisverkehr am Ortsrand von Riegel. Dort biegen wir rechts ab. Kurz darauf geht es nach links in die Hauptstraße. Nun rollen wir auf bekanntem Weg zurück zum Ausgangspunkt.

✔ Nicht versäumen

In Riegel und Endingen finden wir zwar außergewöhnlich schöne Ortsbilder mit zahlreichen historischen Gebäuden, eine kunsthistorische Sensation liegt jedoch etwas außerhalb der eigentlichen Route und sollte nicht versäumt werden. Sie ist mit einem kurzen Abstecher erreichbar: Niederrotweil mit dem berühmten Marienaltar des Meisters HL, von dem auch der Altar im Breisacher Münster stammt. Der Marienaltar gilt als eines der bedeutendsten Schnitzwerke Deutschlands.

In Endingen gibt es zahlreiche idyllische Ecken.

✔ Hier geht's lang

Ausgangs- und Endpunkt: Riegel am Kaiserstuhl, Bahnhof oder Parkplatz Riegel Ort, Römerstr. 5, GPS: 48.153529, 7.750887

Tourencharakter: Wir fahren auf Feldwegen und Sträßchen. Insgesamt müssen wir bei der Tour einige Steigungen bewältigen, fahren wir doch auch über einen Pass.

ÖPNV: Mit der Kaiserstuhlbahn gelangt man nach Riegel (www.efa-bw.de).

Auto: A5 bis Ausfahrt Riegel

Übernachtung und Einkehr: Gasthaus zur Sonne, Hauptstr.21, 79241 Ihringen-Wasenweiler, www.sonne-wasenweiler.de

Information: www.naturgarten-kaiserstuhl.de

25 ● Schwer | 45 km | 340 Hm | 3.30 Std.

Von Müllheim ins Markgräflerland

Rheinebene und Schwarzwaldrand

Wir beginnen diese Tour in der Rheinebene in Müllheim, fahren ein Stück am Rhein entlang und dann durch nette Dörfer mit Feldern und Obstwiesen hoch in die Ausläufer des Schwarzwaldes. Höhepunkt der Tour ist im Frühjahr das Eggenertal, denn dann blühen dort Tausende von Obstbäumen.

✓ Darum einzigartig

Außer den sehenswerten Städten und Orten erleben wir die Landschaft entlang des Rheins und im Vorland des Schwarzwalds, das vor allem im Frühjahr zur Blütezeit zauberhafte Eggenertal.

Radfahrer in Schliengen

Anfangs am Rhein entlang Wir starten am Bahnhof, und zwar an seiner Nordwestseite. Dort folgen wir der Neuenburger Straße und fahren immer nach Westen. Zuerst kommen wir durch ein Gewerbegebiet, dann nach Neuenburg hinein.

Wir rollen nun in der Müllheimer Straße, danach der Schlüsselstraße, geradeaus durch die Stadt hindurch, queren die Basler Straße (links) beziehungsweise die Breisacher Straße (rechts) und gelangen in der Straße Kronenrain zur B378. Nach dem Kreisverkehr zieht die Straße Am Wuhrloch links am See Wuhrloch vorbei nach rechts, wobei links davon die A5 verläuft.

Gleich danach halten wir uns links in die Vogesenstraße, der wir bis zum Rhein folgen, nachdem wir auf ihr die Autobahn gequert haben. Dort können wir hinab zum Fluss gehen, der hier eine idyllische Szenerie bildet. Ansonsten biegen wir links ab und radeln am Fluss entlang nach Süden.

Durch die Obstbaumlandschaft Auf der Höhe von Schliengen kommen wir an

Im Frühjahr blühen im Eggenertal Abertausende von Obstbäumen.

einer Kläranlage vorbei, hier halten wir uns an der Verzweigung links. Wir unterqueren die Autobahn und biegen nach ihr links ab in den Feldweg. Wir rollen ein Stück nach Norden, dann geht es nach rechts zur Landstraße, der wir auf dem rechts von ihr verlaufenden Radweg nach links folgen. Bald biegen wir rechts ab und fahren im Gärtnerweg nach Schliengen.

Vorerst können wir uns immer an der Beschilderung »Schloss Bürgeln« orientieren. Im Zentrum von Schliengen stoßen wir auf die B3, etwas nach rechts versetzt geht es auf der anderen Seite in der Altinger Straße weiter. Wir fahren nach Liel und zweigen im Ort mit dem Radwegschild links ab in die Eggener Straße in Richtung »Obereggenen«. Nach einer Weile stoßen wir wieder auf die Landstraße (Hohlebachstraße/K6316) und radeln über Nieder- nach Obereggenen.

Wir ignorieren die vor dem Ort abzweigende Landstraße, rollen in den Ort hinein und biegen vor dem Brunnen links ab in Richtung »Schallsingen«. Nach dem Ort zweigen wir in den Streuobstwiesen rechts ab in Richtung »Badenweiler«, treffen auf die von Schallsingen kommende Landstraße, halten uns rechts und biegen an der nächsten Landstraße L132 links ab, wieder in Richtung »Badenweiler«. Nun steigt es im Wald erst weiter an, dann aber fällt es.

Am Schwarzwaldrand entlang Wir durchfahren Sehringen und müssen uns danach entscheiden, ob wir nach Badenweiler wollen; dann müssten wir uns rechts halten. Ansonsten folgen wir der geradeaus weiter abwärts

Idylle im Zentrum von Müllheim

führenden Straße in Richtung »Niederweiler Müllheim«. An der vorfahrtsberechtigten Straße in Niederweiler biegen wir links ab und verlassen in der Ölbergstraße, danach der Weilertalstraße, den Ort.

Anschließend radeln wir in der Werderstraße nach Müllheim hinein und fahren in der Stadt immer geradeaus weiter. Nach dem Kreisverkehr behalten wir unsere Richtung bei. Es folgt eine Linkskurve, hinter der wir auf die Hauptstraße treffen. Dieser folgen wir nach rechts.

Bald biegen wir an einer Linkskurve rechts ab und fahren in der Alten Poststraße weiter. Nach dem Kreisverkehr an der querenden B3 heißt sie auf der anderen Seite Klosterrunsstraße. Vor den Gleisen zieht sie nach links und bringt uns zurück zum Bahnhof.

✔ Nicht versäumen

Die Kirschbaumblüte im Eggenertal ist eine landschaftliche Sensation, zu der Besucher von weither anreisen. Die ganze Gegend ist dann wie nach frischem Schneefall von einem weißen Flaum überzogen.

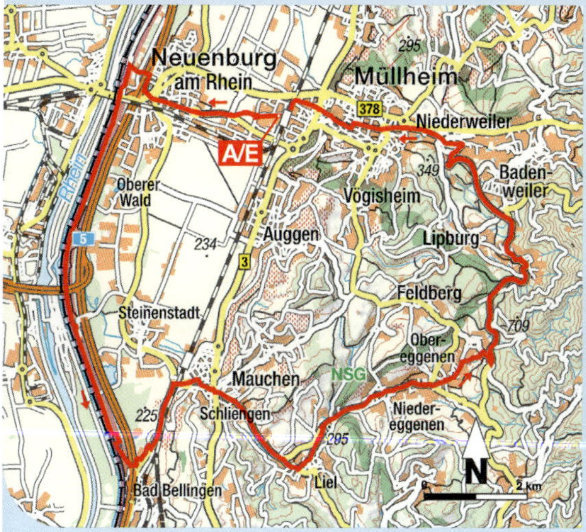

Blumenpracht in Neuenburg

✔ Hier geht's lang

Ausgangs- und Endpunkt: Müllheim, Bahnhof, Bahnhofstr., GPS: 47.809825, 7.600044

Tourencharakter: Wir fahren auf Sträßchen und Radwegen; wo wir nicht fahren dürfen, schieben wir kurzfristig das Rad. Da die Tour nicht nur in der flachen Rheinebene, sondern auch an den Rändern des Schwarzwalds verläuft, bringt sie einige Höhenmeter mit sich.

ÖPNV: Bahnverbindung bis Müllheim (www.efa-bw.de)

Auto: A5 bis Ausfahrt Müllheim, dann über Neuenburg auf der B378 in Richtung Müllheim. Vor der Stadt rechts ab in die Richtbergstraße, danach links ab. Beim links liegenden Gewerbegebiet in der Haitinger Straße nach links zum Bahnhof

Übernachtung und Einkehr: Altes Spital, Hauptstr. 78, 79379 Müllheim, www.spitalhotel.de; Landhotel Graf, Kreuzweg 6, 79418 Schliengen-Obereggenen, www.landhotel-graf.de

Information: www.muellheim.de, www.eggenertal.de, Blütentelefon: 07631/80 15 17

Der Titisee gehört zu den beliebtesten Zielen im Schwarzwald.

Südschwarzwald-Radweg

Südschwarzwald-Radweg

Von Hinterzarten bis Kirchzarten um den Naturpark

Diese schöne Tour führt uns rund um den Naturpark Südschwarzwald, mit viel Aussicht, durch Täler, entlang des Rheins, durch interessante Städte und sogar durch die Schweiz. 2020 wurde der Südschwarzwald-Radweg vom Allgemeinen Deutschen Fahrrad-Club (ADFC) mit drei Sternen als »ADFC-Qualitätsradroute« ausgezeichnet.

Von Hinterzarten aus radelt man durch den Hochschwarzwald, vorbei an urigen Schwarzwaldhöfen, Mooren und dem beliebten Schwarzwaldhotspot Titisee, zur eindrucksvollen Wutachschlucht. Danach erreichen wir den Hochrhein, wo uns mittelalterliche Städte erwarten, sowohl auf der deutschen wie auch auf der Schweizer Seite, auf die man bald überwechselt. Genannt seien etwa Waldshut-Tiengen und das deutsch-schweizerische Laufenburg. Städtische Atmosphäre mit viel Kultur, Museen und interessanten Bauten erwartet uns in Basel. Danach machen wir einen Abstecher ins französische Huningue, das am Rande des ältesten elsässischen Naturschutzgebietes liegt, der sogenannten Petite Camargue. Anschließend wechseln wir wieder auf die deutsche Seite des Rheins. Wir radeln durch Weinberge und vorbei an den Kurorten des idyllischen Markgräflerlandes und erreichen schließlich Freiburg, dessen herrliche Altstadt erkundet werden sollte. Entlang der Dreisam rollen wir nach Hinterzarten, wo wir in den Zug einsteigen. Er bringt uns hinauf zum Ausgangspunkt der Tour.

Erinnerungen an die Römer in Heitersheim

Wer die Route etwas ändern will, kann auf der 45 Kilometer langen Variante über den Dinkelberg radeln. Auf dieser landschaftlich ebenfalls reizvollen Strecke von Rheinfelden über Lörrach kann man Basel umfahren.

Blick auf das schweizerische Laufenburg

● Mittel | 269 km | 1330 Hm | 5 Tage

✓ Hier geht's lang

Ausgangspunkt: Hinterzarten, Bahnhof, GPS: 47.905935, 8.106358

Endpunkt: Kirchzarten/Himmelreich (Bahnhof), GPS: 47.958628, 7.991244

Tourencharakter: Man fährt vor allem auf verkehrsfreien Radwegen oder ruhigen Landstraßen, kurze Abschnitte auch auf belebteren Straßen. Die Höhenunterschiede halten sich in Grenzen, da man den kräftigen Anstieg am Schluss durch das wildromantische Höllental mit der Bahn bewältigt.

Information: www.suedschwarzwald-radweg.de

Zugabe

Es war nicht einfach Nein, es war sogar eine Herausforderung. Sie bestand darin, in einem Radfahrland wie Baden-Württemberg mit unzähligen für das Radfahren geeigneten Gegenden, mit zahlreichen markierten Mehrtagesradtouren, die 25 herauszusuchen, die ich für die schönsten und empfehlenswertesten halte.

Dass dies natürlich nur eine subjektive Auswahl sein kann, war mir klar und wird Ihnen, liebe Leserin, lieber Leser, ja auch einleuchten. Jeder, der gerne mit dem Rad fährt, hat seine Lieblingsstrecke, die er oder sie für die schönste hält – und gerade die ist jetzt nicht im Buch enthalten ...

Ein Buch voller Genusstouren Trotzdem hoffe ich, dass ich eine gute Auswahl getroffen habe, die Ihnen allen viel Freude beim Nachradeln bereiten wird. Ich habe keine allzu anstrengenden Touren gewählt, Radfahren in der Freizeit soll ja ein Genuss sein und man soll nicht völlig ausgepowert abends daheim ankommen. Das hinterließe keine guten Erinnerungen an den Tag.

Auch wenn man bei den fünf ebenfalls beschriebenen Mehrtagesradtouren vielleicht beim ersten Lesen über die summierten Höhenmeter erschrickt – teilt man sie durch die Tage, die man unterwegs ist, sieht man, dass es nicht ganz so schlimm ist, wie es den ersten Anschein hat.

Zudem habe ich mich bemüht, schöne und sehenswerte Landschaften in die Auswahl zu nehmen. Ebenso sollten bei meinen Touren auch Sehenswürdigkeiten auf der Strecke liegen, oft schöne alte Städte und Orte mit Fachwerk, außergewöhnlichen Kirchen oder interessanten Museen. Zeit, sich alles anzusehen, hat man ja bei den Genusstouren, die jetzt vor Ihnen liegen.

Mir bleibt nur, Ihnen immer viel Rückenwind zu wünschen, nie einen Plattfuß und viele angenehme Erlebnisse und Begegnungen.

Auf einer Fahrt über die Schwäbische Alb kommt man oft an mächtigen Felsklötzen aus Massenkalk vorbei.

Register

Impressum

Verantwortlich: Miriam Gieler, Lea Niesler
Lektorat und Satz: Verlagsbüro Wais & Partner, Stuttgart
Layout und Cover: A flock of sheep, Marcus Taeschner
Titelillustration: Marcus Taeschner, unter Verwendung eines Fotos von mauritius images/imageBROKER
Repro: LUDWIG:media
Kartografie: Bruckmann Verlag GmbH, Heidi Schmalfuß
Herstellung: Alexander Knoll / Bettina Schippel
Printed in Slovenia by Florjancic

Unser komplettes Programm finden Sie unter www.j-berg-verlag.de

★★★★★

Sind Sie mit diesem Titel zufrieden?
Dann würden wir uns über Ihre Weiterempfehlung freuen.
Erzählen Sie es im Freundeskreis, berichten Sie Ihrem Buchhändler, oder bewerten Sie bei Onlinekauf. Und wenn Sie Kritik, Korrekturen, Aktualisierungen haben, freuen wir uns über Ihre Nachricht an J. Berg Verlag, Postfach 40 02 09, D-80702 München oder per E-Mail an lektorat@verlagshaus.de.

Alle Angaben dieses Werkes wurden vom Autor sorgfältig recherchiert und auf den neuesten Stand gebracht sowie vom Verlag geprüft. Für die Richtigkeit der Angaben kann jedoch keine Haftung übernommen werden, weshalb die Nutzung auf eigene Gefahr erfolgt. Insbesondere bei GPS-Daten können Abweichungen nicht ausgeschlossen werden. Sollte dieses Werk Links auf Webseiten Dritter enthalten, so machen wir uns die Inhalte nicht zu eigen und übernehmen für die Inhalte keine Haftung.
Empfehlung der Redaktion: Sie sind auf der Suche nach weiterführender Literatur? Dann empfehlen wir Ihnen den Titel »Wander-Geheimtipps nördlicher Schwarzwald« von Dieter Buck. Oder Sie werfen einen Blick in die Zeitschrift »Schöner Südwesten«. Hier werden Sie bestimmt fündig.

Bildnachweis: Alle Bilder im Innenteil und auf dem Umschlag stammen vom Autor, außer: Umschlagvorderseite: mauritius images/imageBROKER; Autorenfoto: Melanie Buck.

Die Deutsche Nationalbibliothek verzeichnet diese Publikation in der Deutschen Nationalbibliografie; detaillierte bibliografische Daten sind im Internet über http://dnb.d-nb.de abrufbar.

Infanteriestraße 11a
80797 München

ISBN: 978-3-86246-820-1